A vous de parler

Initiation à la conversation courante

Françoise Hönle-Grosjean, Detmar Hönle, Klaus Mengler

Edward Arnold

Also available with this book:
A vous de parler Teachers Book
A vous de parler Tape

Printed in Great Britain by
Butler & Tanner Ltd., Frome and London

Table

Preface

Living in a foreign country can have its pitfalls. While it is true that in the modern world everyday situations and transactions are much alike wherever they may occur, national peculiarities do still persist, and it is well for the stranger to be aware of them.

The traveller in France, for example, must know that one does not go to the "boucher" to buy sausage, but to the "charcutier"; that a French café is very different from an English one; that "jetons" are still often needed for telephoning and can be obtained in the peculiarly French "café-tabac"; and that it is customary to tip the person who shows one to one's place in theatre, cinema and concert hall—and so on.

It is not enough, however, to know *about* everyday life in France. One must become familiar with its language.

This book is a guide to everyday conversation in a number of typical situations. Its language is "le français courant parlé", with some account taken of "le français familier". It is not designed for a limited age-group.

In each of the twelve chapters the learner is led step by step to a progressively wider application of the vocabulary and structures relating to the group of subjects concerned. Each chapter contains several interlinked situations, and these are exploited in a learning process that falls into three phases.

At the beginning there is a Dialogue showing how a conversation between Frenchmen may develop in a given situation. (Phase 1)

Then comes a short narrative which could have been presented as a dialogue and which the pupils are in fact required to turn into one. (Phase 2) In doing so they will be obliged to apply what has been learnt in Phase 1, there being many points of similarity between the situations in Phase 1 and Phase 2. It should be noted that the passages in italics merely set the scene. It is the passages in ordinary print that have to be changed.

In three of the chapters the narrative is replaced by an unfinished dialogue which pupils are required to complete.

In Phase 3 further situations are presented which can be the starting-point for conversations. This time the pupils must devise not only the manner but also the matter of the conversation. However they are helped by the provision of the relevant vocabulary and turns of phrase, and indeed they can and should look back to the material in the first two phases.

At the end of each chapter there is a carefully arranged summary of the most important among the "expressions et locutions" that have been used.

The book ends with a collection of the most common "expressions générales" grouped under headings indicating the contexts in which they could be used. As their name implies, they are widely applicable in a variety of situations.

The book is designed for all who have mastered the basic grammar and vocabulary of French. All words and expressions going beyond this basic knowledge are explained in the first three sections of each chapter, except where their meaning is apparent from the context.

The book can be used in various ways. In school it can complement the course-book and introduce a welcome element of diversity, and with classes that have advanced to continuous reading-texts it can be exploited whenever a need for the extension and intensive practice of oral fluency arises.

Since each chapter is independent of all the others in its subject-matter, any one can be chosen according to its interest and relevance at a given time.

The book is also useful for pupils studying alone or for adults attending language courses. With its help anybody could prepare himself in a methodical way for a stay in France.

The tape-recording that has been made of the Dialogues will prove most useful. The recordings were made by native speakers and great importance was attached to normal speed and naturalness of speech.

I. Dans un magasin

1. Etude d'un dialogue

Dans un magasin d'alimentation

Personnages: LE GÉRANT du magasin;

UNE VENDEUSE;

UNE CAISSIÈRE;

PLUSIEURS CLIENTES dont MME ROBERT et MME BONTEMPS.

MME BONTEMPS *(entre)*: Bonjour, Messieurs Dames.

LE GÉRANT: Bonjour, Madame. – Il y a du monde aujourd'hui.

MME BONTEMPS: Ça ne fait rien, je ne suis pas pressée. *(Apercevant Mme Robert:)* Bonjour, Madame. Comment allez-vous?

MME ROBERT: Très bien, merci; et vous-même? On ne vous voit pas souvent chez les commerçants du quartier.

MME BONTEMPS: Quand j'ai le temps, je fais mes courses dans un supermarché. C'est quand même moins cher.

LA VENDEUSE: C'est à qui maintenant?

MME ROBERT: Je crois que c'est à moi. – Il me faudrait un kilo de riz, un kilo de sucre en morceaux, et une livre de sel fin. *(A Mme Bontemps:)* Vous avez vu que le lait a encore augmenté! Et le fromage aussi. La vie devient vraiment chère.

LA VENDEUSE: Voilà, Madame. Et avec ça?

MME ROBERT: Un paquet de thé en sachets. Pendant que j'y pense, auriez-vous du vin ordinaire douze degrés?

LA VENDEUSE: Je regrette, Madame. Il ne nous reste que du onze degrés.

MME ROBERT: Donnez-m'en quand même un litre. – Ce sera tout pour aujourd'hui.

LA VENDEUSE: Veuillez payer à la caisse, s'il vous plaît! Voici votre fiche, Madame.

(Madame Robert va à la caisse avec sa fiche.)

SUPER-MARCHÉ
SODIM

Avenue Fernand-Gassion

(Angle route de Marseille et de Ceyreste)

LA CIOTAT

Ouvert tous les jours, sauf le lundi

Tous Produits alimentaires et divers

- o boucherie - traiteur
- o fruits et légumes
- o crémerie
- o alimentation
- o boissons
- o parfumerie - droguerie ménage
- o habillement

- o vaste parking
- o essence
- o super

La caissière: Six francs cinquante-cinq, s'il vous plaît! Auriez-vous cinq centimes?

Mme Robert: Non, je n'ai pas de monnaie.

La caissière *(rend la monnaie)*: Ça ne fait rien. Voilà. Merci bien, Madame.

Mme Robert *(à Mme Bontemps)*: Je me dépêche. Il faut que j'aille encore chez le boulanger. *(Quitte le magasin.)* Au revoir, Messieurs Dames.

Le gérant: Au revoir, Madame. *(S'adresse à Mme Bontemps:)* Voilà, je suis à vous, Madame.

Mme Bontemps: Je voudrais quatre tranches de jambon et un petit saucisson.

Le gérant: Oui, Madame. Et avec ceci?

Mme Bontemps: Une demi-livre de beurre salé et un camembert pas trop fait.

Le gérant: Voilà, Madame. J'ai aussi du gruyère tout frais. Je vous le recommande.

Mme Bontemps: Il a l'air bon, en effet. C'est combien?

Le gérant: Douze francs le kilo.

Mme Bontemps: Donnez-m'en une demi-livre. – A combien est le raisin blanc aujourd'hui?

Le gérant: J'en ai à deux francs le kilo, et à deux francs cinquante.

Mme Bontemps: Mettez-m'en une livre de chaque sorte. Ce sera tout. – Et pourriez-vous me donner un sac en papier, s'il vous plaît?

Le gérant: Bien sûr, Madame.

(Mme Bontemps paie à la caisse et quitte le magasin.)

(Devant la boulangerie, Mme Bontemps rencontre Mme Robert qui en sort.)

Mme Robert: Ça y est, j'ai fini mes courses. – Je vois que vous avez acheté du raisin. Est-ce qu'il est bon?

Mme Bontemps: Goûtez-le. Je trouve que la différence n'est pas très grande entre les deux sortes.

Mme Robert: Cela me rappelle les fraises que j'ai achetées l'année dernière au marché. J'en vois à deux francs et à quatre francs le kilo. Je demande au marchand quelle est la différence entre les deux. Et vous savez ce qu'il m'a répondu? «Mais il n'y en a pas, Madame!»

| l'alimentation *f* | tout ce que l'on mange |
| le gérant | personne qui dirige un magasin ou un hôtel qui ne lui appartient pas |

la vendeuse	femme ou jeune fille qui vend
il y a du monde	il y a beaucoup de gens
être pressé, e	avoir très peu de temps
le commerçant	personne qui possède ou dirige un magasin
faire ses courses *f*	aller acheter ce dont on a besoin
le supermarché [sypɛrmarʃe]	très grand magasin d'alimentation avec libre–service
augmenter	ici: devenir plus cher
le sachet	petit sac
le degré	ici: degré d'alcool (de l'alcool à 90 degrés – 90° –; un vin à 11 degrés – 11° –)
la fiche	petite feuille de papier
se dépêcher	faire vite
la tranche	du v. trancher = couper; morceau mince coupé dans de la viande ou du pain
le saucisson	(le salami est un saucisson)
salé, e	du subst. le sel
un fromage fait	╪ un fromage frais (un fromage fait sent plus fort qu'un fromage frais)
le gruyère	fromage qui a de gros trous
recommander qc à qn	dire à qn qu'une chose est bonne
le raisin	fruit dont on fait le vin
mettez-m'en	donnez-m'en
ça y est *fam*	se dit quand on a fini de faire qc
goûter qc	manger ou boire un peu de qc pour voir si c'est bon
la fraise	petit fruit rouge qui pousse par terre

---

2. Transformer ce texte en dialogue

Comment s'acheter un casse-croûte

Deux jeunes auto-stoppeurs, un Anglais et un Belge – vous leur donnerez un nom –, viennent d'arriver dans une petite ville française. Ils sont partis le matin même de Belgique et se trouvent pour la première fois en France. Il est midi passé et ils veulent s'acheter un casse-croûte.

a) Ils se souviennent tout d'un coup que c'est dimanche et pensent qu'ils auront sans doute du mal à s'acheter à manger. *Arrivant sur la place de l'église,* ils sont agréablement surpris de découvrir des magasins ouverts. Ils décident de faire des sandwichs. Le Belge achètera du pain et du fromage, l'Anglais du jambon et des fruits.

L'Anglais entre dans la boucherie et demande quatre tranches de jambon. Le boucher regrette: il ne vend pas de charcuterie. Pour acheter du jambon, il faut aller à la charcuterie qui se trouve derrière l'église. Le boucher propose quand même un «bon bifteck» à son client, mais celui-ci refuse poliment et sort du magasin.

b) *Pendant ce temps-là, le Belge attend son tour à la pâtisserie.*

C'est enfin à lui. Il demande à la pâtissière si elle a du pain. Mais la pâtisserie ne fait pas boulangerie, on ne vend que des gâteaux, des gâteaux secs et de la confiserie. Le jeune homme montre des gâteaux et demande leur prix: les «éclairs» sont à un franc. Il en prend deux. La pâtissière lui demande s'il désire encore autre chose. Il voudrait seulement savoir où il pourrait trouver du pain. On lui explique que la boulangerie se trouve dans la petite rue d'en face. Il

paie et quitte le magasin. – *Quand il arrive devant la boulangerie, celle-ci est déjà fermée.*

Sans pain ni fromage, il retrouve son camarade et lui dit qu'il n'a que des éclairs. L'Anglais, quant à lui, a juste eu le temps d'acheter du jambon. Ils pensent qu'après tout, des «éclairs au jambon» seraient des sandwichs assez originaux.

le casse-croûte	petit repas froid
un auto-stoppeur [ɔtɔstɔpœr]	verbe: faire de l'auto-stop
le sandwich (angl.) [sãdwitʃ]	tranches de pain entre lesquelles on a mis p. ex. du jambon ou du fromage
la boucherie	magasin où l'on vend de la viande
la charcuterie	a) tout ce qui se fait avec la viande de porc, p. ex. le jambon b) magasin où l'on vend de la charcuterie
le bifteck [biftɛk]	orthographe française du mot anglais «beefsteak»; tranche de bœuf
attendre son tour	attendre d'être servi
la pâtissière	la femme du patron d'une pâtisserie
la pâtisserie ne fait pas boulangerie	la pâtisserie n'est pas en même temps boulangerie
la confiserie	sucreries, p. ex. les bonbons
un éclair	ici: gâteau allongé, rempli de crème au chocolat ou au café
original, e	ce qui est nouveau et personnel

---

3. Inventer des dialogues

a) A la boulangerie

le pain; la baguette (pain blanc long et mince d'environ 300 g); le pain de seigle (pain de couleur grise); la brioche (sorte de petit pain rond fait avec de la farine, du beurre, du sucre et des œufs); le croissant (petit pain qui a la forme d'un C et que les Français mangent souvent au petit déjeuner); des petits pains
un pain bien cuit (quand le pain est bien cuit, il est foncé); un pain pas trop cuit; du pain frais ≠ du pain rassis

b) A la crémerie

le lait frais; le lait concentré (lait en boîte); le beurre; le fromage; le camembert; le gruyère; le roquefort; le brie; le fromage de chèvre, le chèvre; le yaourt nature / parfumé [jaur(t)]; le fromage blanc; la crème fraîche (matière grasse du lait dont on fait le beurre); l'œuf *m*
un fromage bien fait / fait / pas trop fait; le pot de crème fraîche; une douzaine d'œufs [dø]; une demi-douzaine d'œufs (six œufs)

c) Chez le marchand de fruits

la pomme; la poire; la cerise; la prune; la fraise; la pêche; l'abricot m; la banane; le raisin; l'orange *f*; le citron; le pamplemousse [pãmpləmus]
des fruits verts ≠ des fruits mûrs; des fruits en conserve

d) Dans un magasin de confection

vêtements pour dames: la robe; la jupe; le corsage (vêtement léger que l'on porte avec une jupe ou un pantalon); le tailleur (jupe et veste de même tissu); le manteau; l'imperméable *m* (manteau que l'on porte quand il pleut)
vêtements pour hommes: le pantalon; la veste; le costume; la chemise; la cravate; le pull-over; le short
mettre/essayer un vêtement; aller dans la cabine d'essayage; raccourcir un pantalon (le rendre plus court) ≠ rallonger un pantalon; solder des vêtements (les vendre à un prix plus bas que le prix normal); les soldes *m* (vêtements, tissus, chaussures, etc. vendus à un prix plus bas que le prix normal); un article est vendu/mis en solde; cette robe vous va bien; cela ne me va pas; c'est trop grand/trop large/trop petit/trop étroit; une robe habillée (une robe élégante); un vêtement sport

---

| 4. Expressions et locutions |

faire les/ses courses; faire des achats
aller au supermarché/à la boulangerie/à la crémerie; aller chez le boulanger/
    chez le coiffeur/chez le dentiste
bonjour,   Madame/Mademoiselle/Monsieur/Mesdames/Mesdemoiselles/Messieurs/Messieurs Dames *(fam)*

13

il y a du monde dans les magasins $\neq$ il n'y a personne dans les magasins
il faut attendre son tour; il ne faut pas passer devant les autres
c'est à qui? à qui le tour? – c'est à moi; c'est mon tour
je voudrais ...; je voudrais bien ...; il me faudrait ...; auriez-vous ...?
à combien est ...? combien coûte ...? c'est combien? quel est le prix de ...?
    ça fait combien? – ça fait dix francs; la viande est à quinze francs le kilo
c'est cher; c'est très/trop cher; c'est plus cher que ...
ce n'est pas cher; c'est bon marché; ce n'est vraiment pas cher; c'est moins
    cher que ...
les prix ont augmenté $\neq$ les prix ont baissé
pendant que j'y pense ...; il ne faut pas que j'oublie ...
ce sera tout? et avec ceci? et avec ça? – ce sera tout
pourriez-vous me donner un sac en papier? – bien sûr
auriez-vous cinq centimes? – non, je n'ai pas de monnaie
rendre la monnaie à qn

II. Où passer la nuit?

1. Etude d'un dialogue

A l'hôtel

Personnages: LA GÉRANTE d'un hôtel;
UN GARÇON de cet hôtel;
UNE JEUNE FILLE.

JEUNE FILLE *(entre avec une valise dans le hall de l'hôtel)*: Auriez-vous encore une chambre libre, s'il vous plaît?

LA GÉRANTE: Oui, Mademoiselle. C'est pour une nuit?

JEUNE FILLE: Oui.

LA GÉRANTE: Je n'ai plus de chambre pour une personne, mais je peux vous donner un grand lit pour le même prix.

JEUNE FILLE: Je veux bien.

LA GÉRANTE: Vous désirez peut-être une chambre avec salle de bains ou douche?

JEUNE FILLE: Ce serait combien par nuit, avec douche?

LA GÉRANTE: Ce serait vingt-huit francs, service et petit déjeuner compris.

JEUNE FILLE: Je n'avais pas l'intention de prendre le petit déjeuner à l'hôtel.

LA GÉRANTE: Je regrette, Mademoiselle. Nous ne louons pas de chambre sans petit déjeuner.

JEUNE FILLE: Dans ce cas, je prends une chambre sans douche. En auriez-vous une qui ne donne pas sur la rue?

LA GÉRANTE: Oui, il m'en reste une qui donne sur la cour. C'est une chambre à vingt-deux francs. Cela vous convient?

JEUNE FILLE: Oui. Pourriez-vous me la montrer, s'il vous plaît?

LA GÉRANTE: Bien sûr. Veuillez me suivre, Mademoiselle! *(Elle monte au deuxième étage et lui montre la chambre.)* Voilà! Vous avez un lavabo avec eau chaude et eau froide. La chambre est chauffée. Les toilettes sont au fond du couloir.

JEUNE FILLE: Très bien. Je prends cette chambre.

LA GÉRANTE: Si vous voulez bien remplir votre fiche en bas, s'il vous plaît!
(*Dans le hall, elle donne la fiche d'hôtel à la jeune fille qui la remplit et la signe.*)
Merci, Mademoiselle.

Fiche de Voyageur   Nom et adresse de l'hôtel :

CH. N° *3*

NOM : *SALLAGER*
Name in capital letters (écrire en majuscules)
Name in Drückschrift
Nom de jeune fille : _____
Maiden name
Mädchenname
Prénoms : *Gaby*
Christian names
Vornamen
Née le *2/10/54* à *Linz*
Date and place of birth
Geburtsdatum und Geburtsort
Département (ou pays pour l'étranger) : *Autriche*
Country
Land
Profession : *employée*
Occupation
Beruf
Domicile habituel : *Linz, Körnerstr. 32*
Permanent address
Gewöhnlicher Wohnort

NATIONALITE   *Autrichienne*
Nationality
Nationalität

T. S. V. P.   (Please turn over - Bitte wenden)

ORLANDI - Tél. 236-93-05

Nombre d'enfants de moins de 15 ans accompagnant
le chef de famille : _____
Accompanying children under 15
Zahl der begleitenden Kinder unter 15 Jahren

PIECE D'IDENTITE PRODUITE

Nature : *Passeport*

Pour les étrangers seulement
(for aliens only)   (nur fur auslander)
CARTE D'IDENTITE ou PASSEPORT
CERTIFICATE of IDENTITY or PASSPORT
(cross out word not available)
AUSWEIS - PASS
N° *12973/61*   délivré le *11 mai 1970*
N°   issued on
à *Linz*   par *Bd. Pol. Dion*
at   by
in   bei
Date d'arrivée en France : *30/9/1971*
Date of arrival in France
Einfahrtsdatum in Frankreich

Strasbourg, le *30 sept. 1971*
Signature :   Unterschrift

G. Sallager

JEUNE FILLE: Est-ce que je pourrais régler ma note tout de suite, s'il vous plaît? Il faut que je parte très tôt demain matin.
LA GÉRANTE: C'est comme vous voudrez. Alors, ça fait vingt-deux francs.
JEUNE FILLE (*lui donne l'argent*): Voilà, Madame.
LA GÉRANTE: Merci, Mademoiselle. Voulez-vous qu'on vous apporte le petit déjeuner?
JEUNE FILLE: Oui – est-ce que je pourrais l'avoir à sept heures?
LA GÉRANTE: Bien sûr, Mademoiselle. – Voilà votre clé, c'est le quinze. Le jeune homme va vous monter la valise.

JEUNE FILLE *(monte avec le garçon)* : Il n'y a pas d'ascenseur ici?
LE GARÇON: Si, Mademoiselle, mais il est en panne. *(Une fois dans la chambre,*
il pose la valise.) Voilà votre valise.
JEUNE FILLE: Merci beaucoup, Monsieur.
LE GARÇON: Si vous voulez sortir ce soir, vous pouvez demander une clé à
l'entrée. L'hôtel ferme à minuit.
JEUNE FILLE: Très bien. Merci, Monsieur.
(Voyant que le garçon ne sort pas, elle rougit, puis prend son sac à main et lui donne un
pourboire.)
LE GARÇON *(sort de la chambre)* : Merci, Mademoiselle.

la gérante	femme qui dirige un hôtel ou un magasin qui ne lui appartient pas
le hall [o:l]	ici: vaste entrée de l'hôtel
la chambre donne sur la rue	ses fenêtres ouvrent sur la rue
le lavabo	(le lavabo est fixé au mur; on le remplit d'eau chaude ou d'eau froide pour se laver)
le couloir	corridor; partie de l'hôtel sur laquelle ouvrent les portes des chambres
au fond du couloir	dans la partie du couloir la plus éloignée de l'escalier
la fiche	ici: fiche d'hôtel; petite feuille de papier sur laquelle il faut noter son nom, son adresse, sa nationalité, etc.
la note	ce qu'un voyageur doit payer à l'hôtel
régler sa note	payer
le quinze	le numéro quinze
l'ascenseur *m*	installation qui monte et descend les gens dans une maison à plusieurs étages
être en panne	se dit quand une machine ou un appareil ne marchent pas
sortir	ici: sortir pour aller au théâtre, au cinéma, chez des amis, etc.
le pourboire	petite somme d'argent que l'on donne à un employé pour le remercier de ses services

2. Transformer ce texte en dialogue

Dans une auberge de jeunesse

Dans une ville du midi de la France, Robert, un jeune étranger, arrive un soir à l'auberge de jeunesse qui se trouve dans une vieille maison. C'est la première fois qu'il vient passer la nuit dans une auberge de jeunesse française. Il est accompagné de Claude, un jeune Français qu'il a rencontré dans l'après-midi en faisant de l'auto-stop.

a) Robert demande à Claude s'il est déjà venu dans cette auberge. Celui-ci répond qu'il la connaît bien et l'invite à monter au dortoir qui se trouve au premier étage. L'étranger lui demande s'il ne faut pas passer d'abord au bureau du père aubergiste. Mais dans cette auberge, il n'y a pas de père aubergiste. Robert est étonné et apprend qu'il y a simplement quelqu'un qui passe le soir pour contrôler les cartes et pour faire payer.

Claude et Robert vont au dortoir des garçons. Claude y trouve deux lits encore libres. Il laisse son compagnon en choisir un. Puisque celui-ci a un sac de couchage, il n'a pas besoin de louer de draps. Les lavabos et les W. C. sont juste à côté du dortoir. Robert a un rasoir électrique et cherche une prise de courant. Il y en a une dans les lavabos, mais c'est encore du 110 volts. Cela ne fait rien, car son rasoir se règle sur ce courant. Claude, qui a faim, lui propose d'aller manger quelque chose. Robert est d'accord.

b) *Ils vont dans la grande salle et s'installent à une table.* Robert a du pain et du jambon, Claude, lui, du pain, du fromage et un litre de vin rouge. Son compagnon trouve cela très bien.

Quand le repas est terminé, Robert se lève pour aller se coucher. Claude trouve qu'il est encore trop tôt, mais le jeune étranger est fatigué à cause de la chaleur et peut-être aussi du vin. *Il se couche et s'endort.*

Soudain, on le réveille. Il voit Claude et lui demande ce qui se passe. Claude annonce le contrôle des cartes. Un jeune homme vient demander à Robert sa carte d'auberge de jeunesse. Celui-ci la lui donne et doit dire combien de nuits il veut rester. Il restera deux nuits et veut savoir combien on paie par nuit. C'est 4 francs; cela fait donc 8 francs en tout. Robert n'a qu'un billet de cinquante francs. Le jeune homme lui rend la monnaie en même temps que sa carte et lui souhaite une bonne nuit.

Distances Routières

(de ou vers Marseille)

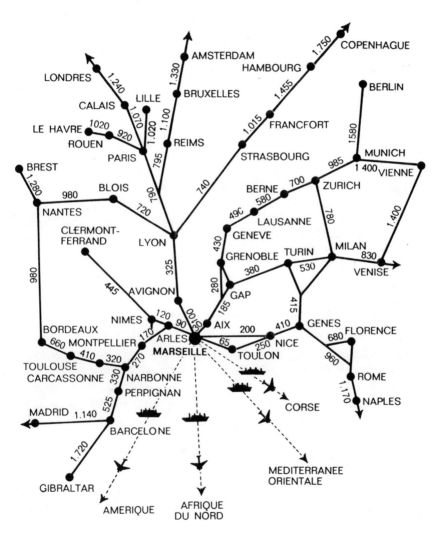

On entend rire et chanter. Il semble à Robert que les autres s'amusent bien en bas. Claude l'invite à redescendre avec lui. L'étranger constate qu'il est déjà tard : dix heures et quart. Mais Claude le rassure. Il viendra bien un moment où ils seront épuisés, et le vin aussi.

l'auberge *f* de jeunesse	maison où les jeunes peuvent passer la nuit quand ils sont en voyage
le dortoir	grande salle où l'on dort
le père aubergiste	personne qui dirige une auberge de jeunesse
le sac de couchage	sorte de sac dans lequel dorment ceux qui font du camping
les lavabos *m*	endroit où l'on se lave
la prise de courant	objet dans lequel se fait le contact entre un appareil électrique et le courant
épuisé, e	a) très fatigué
	b) le vin est épuisé : il n'y a plus de vin

---

3. Inventer un dialogue

Au terrain de camping

Un groupe de jeunes gens fait une excursion à bicyclette. Ils ont emporté des tentes. Le soir, ils entrent dans un terrain de camping et parlent au gardien.

l'excursion *f* (petit voyage que l'on fait pour son plaisir); le gardien (personne dont le métier est de garder p. ex. un jardin public ou un terrain de camping); camper (faire du camping, vivre sous la tente); le campeur; le terrain de camping gardé; le matelas pneumatique (enveloppe sur laquelle les campeurs dorment après l'avoir remplie d'air); l'eau courante; l'eau potable (eau que l'on peut boire); le transistor; la caravane (sorte de petite maison roulante que l'on attache derrière une voiture)

faire du camping; faire du caravaning (voyager avec une caravane); monter / dresser la tente ≠ plier la tente; gonfler un matelas pneumatique (le remplir d'air); ne pas mettre le transistor trop fort; payer deux francs par personne et un franc pour l'emplacement (l'emplacement *m* : place occupée par la tente ou par la caravane)

4. Expressions et locutions

auriez-vous une chambre libre ? avez-vous encore des chambres libres ? je
   voudrais une chambre pour la nuit
passer une nuit à l'hôtel
il reste encore des chambres ≠ l'hôtel est complet
la chambre donne sur la rue / sur la cour
c'est combien par nuit ?
le service est compris
remplir la fiche d'hôtel
je voudrais régler ma note ; est-ce que vous pourriez me préparer la note ?
l'ascenseur marche / ne marche pas / est en panne
monter / descendre une valise
pourriez-vous me réveiller demain matin ?
l'hôtel ferme à minuit ; l'hôtel est fermé la nuit ≠ l'hôtel reste ouvert toute la
   nuit
l'hôtel fait restaurant ≠ l'hôtel ne fait pas restaurant

III. Prendre le train, le métro et l'autobus

1. Etude d'un dialogue

A la gare

Personnages: ANNE-MARIE, jeune employée habitant chez ses parents à Lyon; JEANNINE, sa cousine, habitant Rennes; UN EMPLOYÉ DE LA S.N.C.F.

Venant de Paris, les deux jeunes filles arrivent en fin d'après-midi à Perrache, la gare principale de Lyon. Jeannine vient passer la dernière semaine de juillet chez sa cousine. Après avoir présenté leurs billets au contrôleur, elles entrent dans le hall de la gare.

ANNE-MARIE: Où est mon père?

JEANNINE: Il devait venir nous chercher?

ANNE-MARIE: Je lui ai écrit en lui indiquant l'heure d'arrivée du train. J'espère bien qu'il va venir!

JEANNINE: Pendant que tu attends ton père, je pourrais peut-être aller réserver une place pour le trente. Les trains seront certainement bondés ce jour-là.

ANNE-MARIE: Oui, le trente, les gens commencent à partir en vacances.

JEANNINE: Alors, à tout à l'heure! *(Elle entre au bureau des renseignements et attend son tour.)*

L'EMPLOYÉ: Mademoiselle?

JEANNINE: Je voudrais savoir s'il est possible d'aller de Lyon à Rennes la nuit.

L'EMPLOYÉ: Quel jour voulez-vous voyager?

JEANNINE: Jeudi prochain. Ce sera le trente.

L'EMPLOYÉ: Pour aller à Rennes, vous pouvez passer par Paris: départ de Lyon à une heure vingt-six; arrivée à Paris, gare de Lyon, à six heures quarante-cinq; départ de Paris, gare Montparnasse, à sept heures trente; arrivée à Rennes à dix heures trente-deux.

JEANNINE: Est-ce que je pourrais réserver une place?

L'EMPLOYÉ: Jusqu'à Paris, certainement. Mais il se peut que le train de sept heures trente soit déjà complet en seconde classe. Le trente et un, c'est le

TRAINS AU DÉPART
GRANDES LIGNES & GRANDE BANLIEUE

11:46	12:15	12:30	13:15	13:20	14:20	17:00	17:07
OMNIBUS 3235	"LE LYONNAIS"	EXPRESS 5053	"LE CISALPIN"	"LE MISTRAL"	OMNIBUS 3253	RAPIDE 5009	RAPIDE 229
1e . 2e CL.	*TEE*	1e . 2e CL.	*TEE*	*TEE*	1e . 2e CL.	1e . 2e CL.	1e . 2e CL.
DE	RAPIDE 13		RAPIDE 23	RAPIDE 11	DE	MARSEILLE	VALLORBE
MELUN	1e Classe	GRENOBLE	1e CL.	1e Classe	MELUN	MONTPELLIER	GENÈVE
A	Avec Supplément	S T ÉTIENNE	Avec Supplément	Avec Supplément	A		BESANÇON
MONTEREAU	DIJON	BESANÇON	DIJON	LYON - PCHE	MONTEREAU		BELFORT
VIA: MORET	LYON - PCHE	BELFORT	LAUSANNE	MARSEILLE	VIA: MORET		
			MILAN	NICE			
VOIE C	VOIE A	VOIE 15	VOIE 5	VOIE ☐	VOIE ☐	VOIE ☐	VOIE ☐

grand départ, vous savez. Le plus sûr serait certainement de voyager en première.

JEANNINE: Non, non, pas en première, ce serait trop cher. – Est-il possible d'aller de Lyon à Rennes sans passer par Paris?

L'EMPLOYÉ: Oui, vous pouvez prendre le Lyon–Bordeaux. C'est un express qui comporte des wagons pour Redon via Nantes. Départ de Lyon à vingt heures cinquante-cinq; arrivée à Redon à sept heures quinze; correspondance pour Rennes à sept heures cinquante-deux; arrivée à Rennes à huit heures trente-trois.

JEANNINE: C'est un peu plus long que par Paris. Il y a des couchettes dans ce train?

L'EMPLOYÉ: Oui, il y a des voitures-couchettes.

JEANNINE: Est-ce que je pourrais louer une couchette, s'il vous plaît?

L'EMPLOYÉ: Oui, je pense que ça devrait aller. – Vous désirez un billet aller et retour?

si vous avez des bagages

 BAGAGES EXPRESS
(LIVRAISONS)
CONSIGNE

bagages enregistrés

Franchise. Jusqu'à 30 kg de bagages par personne (20 kg par enfant de 4 à 10 ans), vous n'aurez à payer qu'un droit d'enregistrement pour vos colis.

Au-dessus de ce poids, le prix de transport est calculé au poids et à la distance.

Que pouvez-vous mettre aux bagages?
Les malles, valises, paniers, paquets; les vélos, vélomoteurs, motos, voitures d'enfants ou de mutilés; les skis, et même les canoës.

Sur chaque bagage, écrivez très lisiblement votre nom, votre adresse et, en cas de livraison en gare, le nom de la gare destinataire. Répétez ces renseignements à l'intérieur de chaque bagage.

pour trouver vos bagages
à destination, dès votre arrivée

vous les expédiez plusieurs jours à l'avance.

JEANNINE: Non, un aller seulement.

L'EMPLOYÉ *(relisant les notes qu'il a prises):* Alors, un aller Lyon–Rennes en seconde, le trente juillet, avec couchette jusqu'à Redon.

JEANNINE: C'est bien cela.

L'EMPLOYÉ: Pouvez-vous repasser demain à partir de midi?

JEANNINE: Oui, je repasserai. Au revoir, Monsieur, merci beaucoup.

L'EMPLOYÉ: A votre service, Mademoiselle.

JEANNINE *(rejoint Anne-Marie dans le hall de la gare):* Toujours personne?

ANNE-MARIE: Personne. On ne peut plus faire confiance aux parents. Il n'y a plus d'esprit de famille. – Alors, ça y est? Tu as déjà une place pour le trente?

JEANNINE: Non. Il faudra que je repasse demain.

ANNE-MARIE: J'espère que tu en auras une. Ce n'est pas drôle de rester debout dans un train bondé. – Et mon père n'est toujours pas là!

JEANNINE: Qu'est-ce qu'on fait?

ANNE-MARIE: On attend encore cinq minutes. Si dans cinq minutes, il n'est pas là, on prend le bus. Quand je pense qu'il ne peut pas supporter qu'on le fasse attendre, lui! – Je vais aller acheter «Elle». *(Elle cherche son porte-monnaie. En regardant dans la poche de son sac de voyage, elle trouve une lettre.)* Ça alors! La lettre pour mon père!

Jeannine éclate de rire.

ANNE-MARIE: Eh bien, tant pis! – Viens, on va mettre les bagages à la consigne. Je n'ai pas envie de les porter de l'arrêt d'autobus jusqu'à la maison.

JEANNINE: Mais j'aurai besoin de mes affaires ce soir.

ANNE-MARIE: Ne t'en fais pas. On les aura, les bagages: mon père viendra les chercher …

la S.N.C.F.	Société Nationale des Chemins de Fer Français
le hall [o:l]	ici: vaste entrée de la gare
bondé, e	rempli au maximum
le renseignement	indication donnée à une personne à sa demande
attendre son tour	attendre d'être servi
le grand départ	le grand départ en vacances
l'express [εksprεs] *m*	le train express; train roulant à grande vitesse et s'arrêtant surtout dans les grandes villes
ce train comporte un wagon pour Redon	parmi les wagons de ce train, il y en a un pour Redon

via	par
la correspondance	train qui doit prendre des voyageurs venant d'un autre train
la couchette	sorte de lit dans un wagon de chemin de fer; dans ce wagon, les voyageurs sont assis le jour et couchés la nuit
repasser	ici: revenir
ça y est *fam*	c'est fait
«Elle»	journal féminin
ça alors! *fam*	se dit quand on est très étonné ou surpris
tant pis!	c'est triste, mais c'est ainsi
les bagages *m*	ce qu'une personne emporte en voyage (sacs, valises, etc.)
la consigne	l'endroit d'une gare où l'on peut déposer ses bagages
un arrêt d'autobus	endroit où s'arrête un autobus
s'en faire *fam*	se faire du souci

---

2. Transformer ce texte en dialogue

Dans le métro

Samuel, un étranger qui fait des études de français, se trouve pour la première fois à Paris. Il visite la ville avec François, un Parisien. Les deux jeunes gens sont en train de boire un café à une terrasse près de la place de la République.

a) François se demande ce qu'ils vont faire. *L'étranger regarde son plan de Paris* et voit qu'ils ne sont pas loin du cimetière du Père-Lachaise. Ils se souviennent tous les deux que beaucoup d'hommes célèbres y sont enterrés, par exemple Molière, Musset, Daudet, Chopin et Edith Piaf. Ils décident d'y aller. Comme ils ont déjà beaucoup marché, François propose de prendre le métro. Samuel accepte, mais cette fois-ci, il voudrait essayer de se débrouiller tout seul.

Dans la rue, à l'entrée de la station «République», il s'arrête pour regarder le plan du métro. Après avoir trouvé la ligne, *il descend les marches de la station.* Tout à coup, il s'aperçoit qu'il n'a plus de tickets. François lui conseille d'aller en acheter un carnet. Au guichet, il achète un carnet de seconde, revient et donne un ticket à son compagnon, car celui-ci vient de payer le café.

pour faire un bon voyage prenons le train !

---

voici les billets à prix réduits

aller/retour ou circulaires, vendus toute l'année

billets de groupes

30% de réduction, pour 10 personnes au moins

40% de réduction, pour 25 personnes au moins

Remarquez que vous avez intérêt à prendre un billet de groupe :
- si vous êtes 9 ou 8 **en payant pour 10.**
- si vous êtes 24, 23 ou 22 **en payant pour 25.**

La réservation est obligatoire.

Validité : 2 mois

Pour certains trains, conditions spéciales d'admission. Renseignez-vous.

Des conditions spéciales sont accordées aux groupes importants louant une ou plusieurs voitures à places assises, à places couchées, ou spéciales (voitures-bars, voitures-conférences, voitures-dancing, voitures-salons), ou encore, un autorail, un train. Renseignez-vous.

billets touristiques

20% de réduction sur le train

10% de réduction sur les services de tourisme de la S.N.C.F.

à partir de 1 500 km (retour compris).

Si vous faites plus de 1 200 km, vous avez intérêt à prendre ce billet, en payant pour 1 500 km.

- Le coupon « aller » et le coupon « retour » doivent comporter, chacun, un parcours d'au moins 300 km.
- Le coupon « retour » ne peut pas être utilisé avant le 6e jour.

Validité : 2 mois (prolongation possible d'un mois : supplément 10%).

Pour certains trains, conditions spéciales d'admission. Renseignez-vous.

quelques conseils...

pour vous éviter une longue attente au guichet « billets »

si vous devez voyager en période d'affluence (grandes vacances, sports d'hiver, mais aussi à l'occasion des jours de fêtes : Noël, Jour de l'An, Pâques, 1er Mai, Pentecôte, Toussaint …), il vous suffit d'acheter votre billet à l'avance. Il vous sera ainsi plus facile d'accéder au guichet sans perdre de temps.

et pour être servi rapidement

vous faites, au vendeur, un énoncé clair et précis des renseignements concernant votre billet. Vous indiquez :
- billet « aller » ou « aller/retour » ;
- la réduction, le cas échéant (en présentant votre titre de réduction) ;
- la classe (1re ou 2e classe) ;
- la destination ;
- l'itinéraire (par exemple, via Paris) si plusieurs itinéraires sont possibles ;
- le nombre de voyageurs adultes ou enfants de 4 à 10 ans ;
- la date de départ.

Ainsi, chacun gagnera du temps.

pour être assuré d'avoir une place dans le train de votre choix

il est préférable de réserver votre place, assise ou couchée, le plus longtemps possible à l'avance, surtout si vous partez en période d'affluence.

pour les vacances prenons le train !

Se souvenant qu'il fallait aller en direction de «Lilas», il prend le couloir «Mairie des Lilas». A François qui lui demande si c'est bien la bonne direction, il répond qu'il en est sûr.

b) *Ils sont sur le quai. Le train arrive, ils montent.* Samuel aperçoit le plan de la ligne *à l'intérieur de la voiture.* Il le regarde pour voir combien de stations il y a jusqu'au «Père-Lachaise». A sa grande surprise, il ne voit pas cette station. François, lui, n'est pas étonné: Samuel s'est trompé de ligne. Il lui dit de descendre à la station «Belleville».

Une fois sur le quai, il lui montre le plan et lui explique qu'il a confondu les terminus «Mairie des Lilas» et «Porte des Lilas». Samuel n'est pas content de ce qu'il a fait. François lui dit de ne pas s'en faire: ils changeront de ligne et prendront la correspondance pour «Nation» qui passe également par la station «Père-Lachaise». Samuel apprend que l'on peut y aller avec le même ticket. Cela le console un peu. Mais il trouve qu'il vaut quand même mieux ne pas faire de trop grands détours dans le métro, car il y fait très chaud. François est de son avis et lui conseille de ne surtout pas se tromper de ligne aux heures de pointe, quand le métro est bondé.

la terrasse	tables et chaises placées devant un café, sur le trottoir
célèbre	très connu
se débrouiller	se tirer d'affaire
le ticket	petit billet dont on a besoin pour pouvoir prendre le métro ou l'autobus
le carnet	petit cahier; ici: 10 tickets vendus ensemble (le ticket d'un carnet est moins cher que le ticket acheté seul)
le guichet	installation, derrière laquelle un employé vend des tickets, des billets, des timbres, etc.
le couloir	ici: passage qui mène au quai
le terminus [tɛrminys]	dernière station d'une ligne de chemin de fer, de métro ou d'autobus
le détour	chemin qui n'est pas direct
les heures de pointe	les heures de la journée où il y a le plus de monde ou de circulation

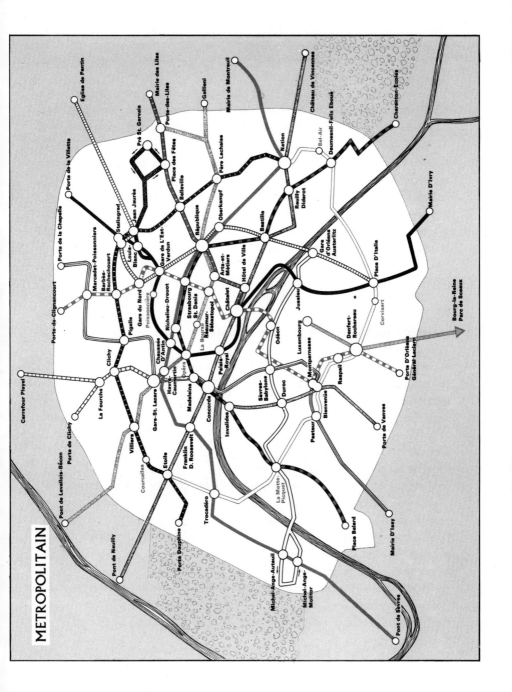

METROPOLITAIN

29

3. Inventer un dialogue

A l'arrêt d'autobus

Deux messieurs attendent l'autobus pour se rendre à leur bureau. Il est sept heures trente du matin. L'un d'eux est pressé, car il doit encore changer de ligne.

le bus *fam*; la ligne d'autobus; le conducteur (celui qui conduit une voiture, un autobus); le receveur (l'employé qui reçoit l'argent et donne les tickets); le ticket d'autobus; la carte d'abonnement (carte à prix réduit achetée par ceux qui prennent régulièrement l'autobus); le tarif; le demi-tarif

il faut que je change Place de la République; prendre une correspondance Boulevard Gambetta; combien de stations y a-t-il jusqu'à ...?

4. Expressions et locutions

prendre le train / le métro / l'autobus pour ...; prendre le Paris–Bordeaux
aller à Paris par le train
le train de Bordeaux arrivera avec 15 minutes de retard
le train pour Paris partira dans 5 minutes
aller en direction de
pour aller de Lyon à Rennes, on passe par Nantes; on change de train à Redon;
   on prend la correspondance pour Rennes
à quelle heure part le train? – il part à 7 h 30; départ à 7 h 30
à quelle heure arrive le train? – il arrive à 10 h 32; arrivée à 10 h 32
je voudrais un billet pour Rennes, en seconde; un aller Rennes, en seconde,
   s'il vous plaît; un ticket de quai, s'il vous plaît; un carnet de seconde, s'il
   vous plaît
je voudrais un aller et retour Lyon–Rennes, en seconde; un aller et retour
   Lyon–Rennes, s'il vous plaît
c'est combien, en première?
réserver / louer / retenir une place en seconde / en première; réserver / louer
   une couchette
monter dans le train / dans l'autobus ≠ descendre du train / de l'autobus
changer de ligne
se tromper de ligne

est-ce que cette place est encore libre, s'il vous plaît? y a-t-il encore une place
libre? – oui, cette place est libre; oui, il y a encore de la place; ≠ non, cette
place est occupée; non, il n'y a plus de place

le métro est bondé aux heures de pointe

arriver à l'heure ≠ arriver en retard

manquer le train / l'autobus; *(fam:)* rater le train / l'autobus

mettre les bagages à la consigne

IV. | Boire et manger

1. Etude d'un dialogue

Au café

Personnages: UN JEUNE HOMME;

LA PATRONNE d'un café;

DEUX OUVRIERS;

UN AUTRE CLIENT.

*La scène se passe un matin entre neuf et dix heures dans un faubourg ouvrier de Nantes.
Le jeune homme vient de garer sa voiture et entre dans un petit café. Il va au comptoir
où deux hommes en bleu de travail boivent du vin.*

LA PATRONNE: Monsieur – qu'est-ce que je vous sers?

JEUNE HOMME: Un café, s'il vous plaît!

LA PATRONNE: Si vous avez cinq minutes, je vous en prépare un. Ça ira?

PREMIER OUVRIER: Vous ne voulez pas goûter le vin du pays, Monsieur?

JEUNE HOMME: Vous savez – il y a trois heures que je conduis et un café ne me
ferait pas de mal.

PREMIER OUVRIER: Vous boirez votre café après. *(A la patronne:)* Jeanne, sers
un petit blanc à Monsieur!

LA PATRONNE: Un blanc. Voilà. *(Elle sert le jeune homme, remplit les verres des
deux ouvriers, puis se dirige vers la cuisine.)*

PREMIER OUVRIER: A votre santé! C'est du Muscadet.

JEUNE HOMME: A la vôtre! *(Il boit.)* Il est bon. *(Il sort des cigarettes américaines
et en offre aux autres.)* Vous fumez?

PREMIER OUVRIER *(prend une cigarette)*: J'aime bien fumer une blonde de temps
en temps. Merci.

DEUXIÈME OUVRIER: Non, merci. Je ne fume que des Gauloises. *(Il sort de sa
poche un paquet de Gauloises, en prend une et donne du feu aux autres.)* De quelle
région est-ce que vous venez?

JEUNE HOMME: J'habite près de Bordeaux.

PREMIER OUVRIER: Il y a du bon vin là-bas. Vous n'habitez pas à Saint-Emilion,
par hasard?

TARIF DES CONSOMMATIONS

Service non compris + 15% des prix affichés

Affichage obligatoire et de **façon visible** tant à l'extérieur que dans les diverses salles ou parties de l'établissement

DÉSIGNATION	Salle Francs	Comptoir Francs	DÉSIGNATION	Salle Francs	Comptoir Francs
APÉRITIFS			**EAUX MINÉRALES**		
Martini, Cinzano, Dubonnet	2.10	1.50	¹/₄ Vichy	1.80	1.30
Ricard, Pernod	2.10	1.50	¹/₄ Vichy avec Sirop	2.00	1.50
Porto Rouge ou Blanc	2.80	2.00	Perrier ¹/₄ Nature	1.80	1.30
Picon, Mandarin	2.80	2.00	avec Citron	2.00	1.50
Campari	2.80	2.00	avec Sirop	2.00	1.50
VINS ROUGES			**LIMONADES**		
petit verre		0.40	¹/₄ Nature	1.80	1.30
grand verre	1.00	0.80	¹/₄ Sirop	2.00	1.50
VINS BLANCS			**JUS DE FRUITS**	2.00	1.50
petit verre		0.40	**SODAS**		
grand verre	1.20	0.80	citron, orange	2.00	1.50
VINS ROSÉS			**THÉ**	1.80	1.30
petit verre		0.60	avec lait ou citron	2.00	1.50
grand verre	1.50	1.20	**LAIT**		
APPELLATION CONTROLÉE			chaud	1.80	1.20
			froid	1.50	1.00
Côtes du Rhône	1.70	1.40	**CAFÉ**		
Beaujolais	2.00	1.80	café crème	1.80	1.20
Sylvaner	1.80	1.60	café Express	1.20	0.60
CHAMPAGNE			**ALCOOLS**		
Chandon (bouteille)	40.00	40.00	Calvados, Rhum		0.60
BIÈRE de Munich			Cognac Martell, Hennessy, Courvoisier, Armagnac	3.50	3.00
Bock à la pression	2.30	1.70	Whisky	3.00	2.50
Demi	1.80	1.30	Wodka	4.00	3.50
(bouteille)	2.50	1.60	**LIQUEURS**		
CIDRE le ¹/₄	2.00	1.50	Framboise, Kirsch, Mirabelles	4.50	3.50

JEUNE HOMME: Non – plutôt du côté de Cognac.

DEUXIÈME OUVRIER: C'est bon, le Bordeaux. – Vous me passez le cendrier, s'il vous plaît?

JEUNE HOMME *(lui passe le cendrier)*: Je trouve qu'il n'y a rien de tel qu'un bon Bordeaux. Je le préfère même au Bourgogne. Evidemment, les bons vins sont chers.

PREMIER OUVRIER: Tout est cher. *(A la patronne qui revient:)* Dis, Jeanne, j'espère que tu ne vas pas augmenter le blanc cette année!

LA PATRONNE: Ah, celui-là – il n'est jamais content! Vous croyez peut-être que ça nous amuse d'augmenter les prix? Avec tous les impôts, on est bien obligé. Vous savez, dans les petits bistrots, on a du mal à s'en tirer. Voulez-vous que je vous dise de combien la bouteille d'apéritif a augmenté pour nous cette année?

DEUXIÈME OUVRIER: Allez, ne te fâche pas! Remplis plutôt les verres. Cette fois-ci, c'est moi qui paie la tournée.

JEUNE HOMME: Doucement! *(Mais il n'empêche pas la patronne de remplir son verre.)* Je vais avoir du mal à repartir.

LA PATRONNE *(tout en se dirigeant vers la cuisine)*: Je m'occupe de votre café.

(Les ouvriers vident rapidement leurs verres.)

PREMIER OUVRIER: Il faut qu'on retourne au boulot. *(Les deux hommes laissent quelques pièces de monnaie sur le comptoir.)*

DEUXIÈME OUVRIER: Au revoir, Monsieur. Et bonne route!

PREMIER OUVRIER: Au revoir – vous ne regrettez pas d'avoir pris un petit blanc, hein?

JEUNE HOMME: Au revoir, Messieurs – et merci! *(Les ouvriers quittent le café.)*

LA PATRONNE *(revient)*: Voilà votre café.

JEUNE HOMME: Merci, Madame. – Il faudrait aussi que je mange quelque chose. Je n'ai pas eu le temps de déjeuner ce matin. Pourriez-vous me préparer un sandwich?

LA PATRONNE: Oui, Monsieur. Vous le voulez au jambon ou au fromage?

JEUNE HOMME: Au jambon, s'il vous plaît.

LA PATRONNE: Bien, Monsieur. Je vous le sers tout de suite. *(Au bout de quelques instants, elle revient avec le sandwich.)* Voilà, Monsieur.

(Deux hommes entrent et viennent au comptoir.)

L'UN DES DEUX HOMMES: Deux petits blancs, s'il vous plaît.

LA PATRONNE *(en les servant)*: Deux blancs. Voilà, Messieurs.

JEUNE HOMME *(s'adresse à la patronne)*: S'il vous plaît! Combien je vous dois?

la patronne d'un café	femme qui tient un café
le faubourg	quartier d'une ville éloigné du centre
le faubourg ouvrier	faubourg où habitent surtout des ouvriers
garer une voiture	la mettre à un endroit où elle ne gêne pas la circulation
le comptoir [kõtwar]	grande table sur laquelle on sert les clients dans un café, un magasin, etc.
le bleu de travail	pantalon et veste bleus que mettent les ouvriers pour travailler
goûter qc	manger ou boire un peu de qc pour savoir si c'est bon
un petit blanc	un petit verre de vin blanc
le Muscadet	vin blanc produit dans la région de Nantes
une blonde	ici: une cigarette blonde; cigarette dont le tabac est blond
les Gauloises f	marque française de cigarettes que produit l'Etat et dont le tabac est brun
Saint-Emilion	petite ville à l'est de Bordeaux, connue pour ses bons vins
Cognac	ville au nord-ouest de Bordeaux où l'on produit le cognac
le Bordeaux	vin de la région de Bordeaux
le cendrier	(quand on a fini de fumer, on met la cigarette ou le cigare dans un cendrier)
il n'y a rien de tel	rien n'est aussi bon
le Bourgogne	vin de Bourgogne
les impôts m	sommes d'argent que l'on doit payer à l'Etat
on est bien obligé	ici: obligé d'augmenter les prix
le bistrot fam	le café
s'en tirer fam	sortir d'une situation difficile; ici: gagner assez pour vivre
l'apéritif m	boisson alcoolisée que l'on boit avant le repas
augmenter	ici: devenir plus cher
se fâcher	se mettre en colère
payer une tournée	se dit quand qn paie à boire au café à tous ceux qui sont avec lui
le boulot pop	le travail
hein? fam [ɛ̃]	n'est-ce pas?
le sandwich (angl.) [sãdwitʃ]	tranches de pain entre lesquelles on a mis du jambon, du fromage, etc.

35

2. Transformer ce texte en dialogue

Au restaurant

Madame Raymond est venue chercher sa fille Martine à la sortie du lycée parisien où elle passe le baccalauréat. Elles entrent dans un restaurant de la rive gauche et s'installent à une table du premier étage.

a) Un garçon leur donne la carte. Martine n'a pas envie de manger. Mme Raymond sait bien que les examens coupent l'appétit, mais elle veut que sa fille mange quelque chose. Elle lui propose de suivre son exemple et de choisir le troisième menu. Martine accepte et promet de faire un effort.

Le garçon revient et demande si elles ont choisi. Mme Raymond répond qu'elles ont choisi le troisième menu. Parmi les hors-d'œuvre du menu, elle prend «hors-d'œuvre variés», – sa fille aussi. Ensuite, le garçon veut savoir ce qu'elles désirent comme viande. Mme Raymond, *qui a la carte sous les yeux*, demande à Martine de choisir entre coq au vin, entrecôte et steak au poivre. Celle-ci n'a pas d'avis. Le garçon leur recommande le steak au poivre, spécialité de la maison. Malgré un supplément de deux francs, Mme Raymond décide de goûter cette spécialité et propose à sa fille de prendre aussi un steak au poivre. Martine accepte sans trop d'enthousiasme. Le garçon leur demande comment elles veulent le steak: saignant, à point, ou bien cuit. Elles le veulent saignant. Comme légumes, Mme Raymond commande des «Pommes Pont-Neuf» pour savoir ce que c'est. Ensuite, elle demande au garçon de leur apporter une demi-bouteille de Bordeaux et une carafe d'eau.

b) *Quelques minutes plus tard, le garçon revient avec les hors-d'œuvre et les boissons* et leur souhaite bon appétit. Mme Raymond trouve ces hors-d'œuvre très bons. Martine, elle, est moins enthousiaste. Elle demande à sa mère de lui passer la carafe d'eau.

Le garçon apporte ensuite la viande, les «Pommes Pont-Neuf» et la salade. Martine trouve que c'est un bifteck-frites ordinaire, juste avec un peu de sauce, et plus cher qu'ailleurs. *Sa mère goûte la première* et trouve la viande très tendre. Martine elle-même est bientôt obligée de le reconnaître et ajoute que ce steak est vraiment très bien préparé. Les frites aussi sont à leur goût: elles viennent d'être faites et n'ont pas été réchauffées. Mme Raymond invite sa fille à arroser la spécialité de la maison.

RESTAURANT

l'Escapade

4, BOULEVARD ALPHONSE-DAVID
13 - **CEYRESTE** — Tél. : **08.54.86**

MENU TOURISTIQUE

Boisson et Service compris

12f.00

au Choix :
PÂTÉ
RILLETTES
CRUDITÉS VARIÉES
ŒUF DUR MAYONNAISE

au Choix :
STEAK AUX FRITES
CHOUCROUTE ALSACIENNE
1/4 POULET RÔTI, PETITS POIS
CÔTE DE PORC AUX FRITES

14f.00

au Choix :
ŒUF A LA RUSSIE
SARDINES AU BEURRE
SALADE CAROTTES RÂPÉES
OLIVES NOIRES

au Choix :
STEAK GRILLÉ au feu de bois, FRITES
POULET CURRY A L'INDIENNE
BROCHETTE PAYSANNE veau, FRITES
CÔTE DE VEAU AUX FRITES

au Choix :
LA MOUSSE AU CHOCOLAT
LA TARTE MAISON
LES GLACES (chocolat, café, vanille, pistache)

Boissons au choix { PICHET ROUGE OU ROSÉ (22 cl.)
BIÈRE (25 cl.)
1/4 EAU MINÉRALE, CIDRE, COCA COLA

Un quart d'heure plus tard, le garçon revient avec le plateau de fromages, puis deman-de à Mme Raymond et à sa fille de choisir leur dessert: tarte aux pommes, glace ou salade de fruits. Toutes les deux se décident pour une salade de fruits. Mme Raymond prie le garçon de lui apporter en même temps l'addition.

Elles prendront le café à une terrasse. Martine se sent tout à fait bien mainte-nant. Mais est-ce que cela va durer jusqu'à la fin de l'examen?

le baccalauréat	examen de fin d'études au lycée
la rive	le bord d'une rivière
la rive gauche	ici: quartiers situés du côté gauche de la Seine
couper l'appétit *m*	enlever toute envie de manger
le menu	liste des plats qui composent un repas (dans un menu au restaurant, on peut choisir entre plusieurs plats)
le hors-d'œuvre	plat froid servi au début d'un repas
les hors-d'œuvre variés	différentes salades avec un peu de charcuterie
l'entrecôte *f*	morceau de viande de bœuf coupé entre les côtes
le steak (de l'angl. beefsteak) [stɛk]	tranche de bœuf
le poivre	(au restaurant, il y a toujours du sel et du poivre sur la table; il y a du poivre blanc, gris et noir)
recommander qc à qn	dire à qn qu'une chose est bonne
le supplément	ce que l'on paie en plus
saignant, e	du subst. le sang; ici: viande peu cuite, rouge
à point	ni trop saignant ni trop cuit
la carafe	sorte de large bouteille dans laquelle on sert l'eau ou le vin
la boisson	ce que l'on boit
les frites *f*	les pommes de terre frites
être au goût de qn	plaire, convenir à qn
réchauffer qc	faire chauffer qc une deuxième fois
arroser qc	donner de l'eau, aux fleurs p. ex.; ici *fam*: boire du vin en mangeant
le plateau de fromages	plat sur lequel on sert les fromages
la tarte	gâteau plat souvent garni de fruits
l'addition *f*	ici: petite feuille de papier où est indiquée la somme que l'on doit payer dans un restaurant
la terrasse	tables et chaises placées devant un café, sur le trottoir

3. Inventer un dialogue

Un repas de midi dans une famille française

Un jeune étranger est venu passer quelques jours à Avignon. Il a fait la connaissance d'un Français de son âge qui habite dans cette ville. La famille de son nouvel ami l'a invité à déjeuner.

servir qn; se servir; goûter qc; reprendre de qc;
mettre la table / le couvert; s'asseoir / se mettre à côté de qn; ça a l'air bon; ça sent bon; servez-vous, je vous en prie; je vous sers? je n'ai jamais mangé de ...; c'est la première fois que j'en mange; reprendre de la viande / des légumes; reprenez-vous du fromage? – non, merci, vraiment; merci beaucoup pour votre invitation / pour cet excellent repas

4. Expressions et locutions

préparer un café / un repas / un sandwich

prendre un café / un apéritif / un vin blanc; qu'est-ce que vous prenez? qu'est-ce que je vous sers?

je prends un café / le menu à 11 francs; un café / le menu à 11 francs, s'il vous plaît! je voudrais un café; je prends le menu du jour

prendre un menu à prix fixe ≠ manger à la carte

qu'est-ce que vous prenez comme viande / comme boisson?

comment voulez-vous le bifteck? – saignant / à point / bien cuit

un quart / une carafe de vin rouge / vin ordinaire

goûter le vin du pays

à votre santé! – à la vôtre!

je voudrais l'addition, s'il vous plaît; l'addition, s'il vous plaît

combien je vous dois? *fam*; c'est combien, s'il vous plaît?

faire la cuisine

servez-vous! – merci ≠ non, merci beaucoup / vraiment

le vin / le bifteck / le café est bon; il est bon, ce vin? comment trouvez-vous ce vin? – il est bon / excellent

c'est quelque chose de bon

est-ce que tu aimes le bifteck-frites? – oui, je l'aime; je l'aime bien / beaucoup ≠ non, je ne l'aime pas / pas beaucoup

le bifteck / le vin est à mon goût

un café ne me ferait pas de mal; un peu d'alcool ne fait pas de mal; le café m'a fait du bien

bon appétit! manger de bon appétit; je n'ai pas d'appétit; le voyage m'a coupé l'appétit

j'ai faim / soif ≠ je n'ai pas faim / soif; j'ai une faim de loup; je meurs de faim

vous fumez? voulez-vous une cigarette?

vous me passez le cendrier / la carafe d'eau, s'il vous plaît?

V. Invitations et visites

1. Etude d'un dialogue

L'arrivée de la correspondante

Personnages: M. et Mme MARCHAND;
LEURS ENFANTS: BERNARD, quinze ans; CATHERINE, dix-sept ans;
SA CORRESPONDANTE ALLEMANDE, ANNEMARIE WAGNER, âgée de
dix-sept ans.
*(Celle-ci vient pour la première fois chez Catherine Marchand dont
l'adresse lui a été donnée par une camarade de classe.)*

La scène se passe en fin d'après-midi dans l'appartement des Marchand à Châlons-sur-Marne. M. Marchand et Catherine sont allés chercher Annemarie à la gare et arrivent avec elle à la maison.

M. MARCHAND *(à Mme Marchand qui ouvre la porte d'entrée):* Nous voilà! Je te présente Annemarie Wagner.

ANNEMARIE: Bonjour, Madame.

MME MARCHAND: Bonjour, Mademoiselle. Je suis très contente de faire votre connaissance. J'espère que vous avez fait bon voyage?

ANNEMARIE: Il y avait beaucoup de monde dans le train. Heureusement que j'avais une place réservée.

M. MARCHAND: Ne restons pas dans le couloir. *(Il se dirige vers la salle à manger.)*

MME MARCHAND: Mais il vaut peut-être mieux qu'Annemarie voie d'abord sa chambre.

ANNEMARIE: C'est comme vous voulez, Madame.

M. MARCHAND: Je propose plutôt qu'on boive d'abord quelque chose. Vous êtes d'accord, Annemarie?

ANNEMARIE: Oui, ce voyage m'a donné soif.

MME MARCHAND: Eh bien! entrons dans la salle à manger. Bernard va porter vos bagages dans votre chambre. Je vous la montrerai tout à l'heure. *(Ils entrent dans la salle à manger. Mme Marchand appelle:)* Bernard! *(Il arrive, Mme Marchand fait les présentations.)* C'est Bernard; voilà Annemarie. *(A Annemarie:)* Vous permettez qu'on vous appelle par votre prénom?

ANNEMARIE: Bien sûr. *(A Bernard:)* Bonjour, Bernard.

BERNARD: Bonjour. Vous voilà enfin arrivée! On ne parlait plus que de vous ici depuis quelques jours.

CATHERINE: Oh, tais-toi, Bernard! Porte plutôt les bagages d'Annemarie dans sa chambre.

BERNARD: A vos ordres, chère sœur! *(Il sort.)*

MME MARCHAND: Asseyez-vous, s'il vous plaît! Voulez-vous prendre un café ou plutôt quelque chose de frais?

ANNEMARIE: J'aimerais bien quelque chose de frais.

MME MARCHAND: Un jus de fruits, peut-être?

ANNEMARIE: Oui, volontiers.

MME MARCHAND *(à Catherine)*: Catherine, tu t'occupes des boissons? Papa et moi prenons également un jus de fruits.

CATHERINE: D'accord, je m'en occupe.

MME MARCHAND *(à Annemarie)*: Tout le monde a admiré vos lettres, vous savez. Elles étaient écrites dans un français impeccable. Mais ce n'est pas étonnant à vous entendre parler.

ANNEMARIE: Merci. Je ne me débrouille pas trop mal au lycée. Mais j'ai encore beaucoup de progrès à faire.

MME MARCHAND: Vous êtes bien trop modeste. Vous parlez vraiment bien le français. Vous en faites déjà depuis longtemps?

ANNEMARIE: C'est ma sixième année de français.

M. MARCHAND: Mais ce n'est pas la première fois que vous venez en France?

ANNEMARIE: Je suis allée à Versailles l'année dernière avec un groupe d'élèves. J'ai passé trois semaines dans une famille. La ville où j'habite est jumelée avec Versailles.

CATHERINE *(arrive avec les boissons)*: Voilà de quoi boire. Qu'est-ce que tu prends, Annemarie? Il y a du jus d'orange et du jus de pamplemousse.

ANNEMARIE: Pamplemousse, s'il te plaît. *(Catherine remplit son verre et le lui donne.)* Merci. *(Elle s'adresse à Mme Marchand:)* Je me suis permis de vous apporter un petit cadeau. *(Elle sort de son sac un paquet joliment enveloppé et le donne à Mme Marchand.)*

MME MARCHAND: Mais il ne fallait pas! Vous êtes vraiment trop gentille.

ANNEMARIE: Ce n'est pas grand-chose, vous savez.

MME MARCHAND *(après avoir enlevé le papier)*: C'est ça que vous appelez «pas grand-chose»? *(A son mari:)* Henri, regarde. Une grosse boîte de chocolats.

M. MARCHAND: Hm – j'ai l'impression que ce n'est pas mauvais. Est-ce que je pourrais me charger de surveiller cette boîte?

MME MARCHAND: Je n'aurais pas beaucoup confiance en toi. Et puis, il faut que tu fasses attention à ton foie, tu sais.

(A ce moment-là, Bernard entre dans la pièce.)

BERNARD: Maman, je vais voir Roger. J'ai rendez-vous avec lui à six heures.

MME MARCHAND: Mais n'oublie pas de rentrer à l'heure. Nous mangeons à huit heures.

BERNARD: Entendu. Au revoir, tout le monde.

ANNEMARIE *(à Catherine)*: J'ai aussi quelque chose pour toi. Puisque je sais que tu aimes la musique, je t'ai apporté un disque. *(Elle se lève et tend son cadeau à Catherine.)*

CATHERINE: Merci. Je vais tout de suite regarder ce que c'est.

(Annemarie se rassied, veut prendre son verre et fait un geste maladroit: le contenu du verre se répand sur la table.)

ANNEMARIE: Oh, que je suis maladroite! Excusez-moi, Madame. Cela ne commence pas trop bien.

MME MARCHAND: Il n'y a pas de mal, Annemarie. Ne vous en faites pas pour ça.

M. MARCHAND: Puisque ça commence mal, ça ne peut que se terminer bien. *(Il lui reverse à boire.)* Et puis, il paraît que renverser quelque chose porte bonheur.

CATHERINE: Je trouve que ça ne commence pas si mal que ça. *(Elle montre le disque.)* Merci beaucoup, Annemarie.

la correspondante	personne avec qui l'on échange des lettres
âgé, e de 17 ans	qui a 17 ans
le couloir	partie d'un appartement que l'on traverse avant d'entrer dans les différentes pièces

les bagages *m*	ce qu'une personne emporte en voyage (sacs, valises, etc.)
faire les présentations *f*	présenter qn à qn d'autre
le prénom	si qn s'appelle Jean Dubois, Jean est son prénom
la boisson	ce que l'on boit
impeccable	parfait, sans défaut
à vous entendre parler	quand on vous entend parler
se débrouiller *fam*	se tirer d'affaire tout seul
modeste	qui ne dit pas de bien de soi-même
jumelé, e avec	jumeler deux villes: associer deux villes étrangères
voilà de quoi boire	voilà quelque chose à boire
le pamplemousse [pãpləmus]	grape-fruit *m*
le cadeau	ce que l'on offre à qn pour lui faire plaisir
surveiller qn/qc	garder, faire attention à
le foie	organe brun-rouge (l'alcool est très mauvais pour le foie)
avoir rendez-vous avec qn	rencontrer qn à une heure et en un lieu fixés à l'avance
se rasseoir	s'asseoir de nouveau
maladroit, e	≠ adroit
le contenu	ce que contient un verre, une tasse, une boîte, etc.
s'en faire *fam*	se faire du souci
il n'y a pas de mal	ce n'est pas grave
reverser	verser de nouveau
je trouve que ça ne commence pas si mal que ça	je trouve que ça commence plutôt bien

---

2. Transformer ce texte en dialogue

Une invitation

Monsieur Lefèvre sonne chez Monsieur Tellier, un collègue qui est ingénieur dans la même usine que lui. M. Tellier l'a invité à venir dîner avec sa femme.

a) *Les Lefèvre arrivent en retard.* M. Lefèvre prie M. Tellier, qui vient ouvrir la porte, d'excuser ce retard: il a été retenu à l'usine. M. Tellier assure que cela n'a pas d'importance. M. Lefèvre lui présente sa femme. M. Tellier est enchanté de faire la connaissance de Mme Lefèvre. Il les conduit au salon, puis se charge des présentations. Les Lefèvre font la connaissance de Mme Tellier à qui Mme Lefèvre donne un petit cadeau pour les enfants; c'est une boîte de bonbons. Mme Tellier la remercie. Les Lefèvre font également la connaissance d'un autre couple, M. et Mme Taylor qui sont Anglais. M. Lefèvre leur demande s'ils sont en vacances en France et apprend qu'ils sont juste venus passer quelques jours chez M. et Mme Tellier. M. Taylor est un vieil ami de M. Tellier.

La maîtresse de maison entre avec des biscuits salés et des verres. Son mari sert l'apéritif aux invités: il y a du whisky, du porto et du Pernod. Mme Lefèvre et Mme Tellier prennent un porto, Mme Taylor un peu de whisky sans eau, les messieurs du whisky ou du Pernod.

b) Un moment plus tard, M. Tellier annonce qu'il y a à la télévision une émission intéressante sur l'industrie aux Etats-Unis. Il demande à ses invités s'ils seraient d'accord pour la regarder. M. Taylor s'intéresse à ce sujet, tandis que Mme Tellier se demande s'il ne vaudrait pas mieux causer tranquillement. M. Lefèvre, quant à lui, aime bien regarder la télévision de temps en temps.

Télévision

Radiodiffusion

MERCREDI 16 JUIN

PREMIÈRE CHAINE
20 h. 30 LA PISTE AUX ETOILES.
21 h. 20 EUREKA. — La science en question.
Avec la participation de MM. Levi-Strauss, Houillon et de La Palme.
22 h. 10 LA ROSE DES VENTS. — J.-S. Bach.

DEUXIÈME CHAINE
20 h. 30 (C.) DOSSIERS DE L'ECRAN. — Comment l'Angleterre n'a pas été détruite.
LE FILM : « la Bataille d'Angleterre », film de montage de R. Simpson.
LE DEBAT : vers 22 heures, avec la participation, notamment, du général Belchen, de MM. Colleville, Lafont, Perrin, Townsend, von Hageneck, Hrabak et Andres.

FRANCE-CULTURE
20 h. 15 INDICATIF FUTUR. — L'avenir de l'agriculture : la forêt.
21 h. CONCERT. — Par l'Orch. philh. O.R.T.F., dir. B. de Vinogradov, M. Constant et C. Comet.
« Il canto sospeso » (Nono) ; « Concerto nº 1 pour violon » (Chostakovitch) ; « Gruppen » (Stockhausen).
23 h. 10 UN LIVRE, DES VOIX. — J. Demelier : « Gens de la rue ».

FRANCE-MUSIQUE
20 h. (S.) MUSIQUE DE CHAMBRE. — Beethoven, Schubert, Chostakovitch.
21 h. (S.) CONCERT. — Voir France-Culture.

TRIBUNES ET DEBATS
EUROPE I : 19 h. 38, Rendez-vous avec... M. Edgar Faure, ancien ministre.

Il y a à la télévision une emission interessant sur l'industrie aux Etats Unis. Voulez-vous la regarder ? Oui, s'il te plait.

45

Une fois que M. Tellier a allumé le poste de télévision, Mme Tellier demande à Mme Lefèvre ce qu'elle pense de la télévision. Celle-ci avoue ne pas la regarder beaucoup, elle préfère sortir avec son mari. Mme Tellier apprend que les Lefèvre n'ont pas d'enfants. Elle regrette, quant à elle, de ne presque plus sortir avec son mari. Elle explique à Mme Lefèvre que non seulement les enfants mais aussi son mari en sont la cause. Mme Lefèvre est étonnée, et Mme Tellier ajoute qu'il ne sort pratiquement plus depuis qu'il a la télévision.

Elle s'excuse auprès de Mme Lefèvre, se lève et prie ses invités et son mari de passer à table. M. Tellier préférerait attendre la fin de l'émission, mais sa femme insiste: elle ne voudrait pas servir des plats refroidis à ses invités.

les présentations *f*	action de présenter une personne à une autre
le couple	un homme et une femme
le biscuit	gâteau sec
salé, e	du subst. le sel
l'apéritif *m*	boisson alcoolisée que l'on boit avant le repas
le porto	vin rouge ou blanc sucré et fort produit dans la région de Porto, au Portugal
le Pernod	marque française d'apéritif à l'anis que l'on boit avec de l'eau
l'émission *f*	ce que l'on voit à la télévision ou bien ce que l'on entend à la radio
une fois que	après que
sortir	ici: sortir de chez soi pour aller au théâtre, au cinéma, chez des amis, etc.
pratiquement plus	presque plus
passer à table	aller s'asseoir à table
insister	ne pas changer d'avis

---

3. Inventer un dialogue

Une surprise-partie

Une jeune fille de dix-sept ans a invité chez elle des camarades de son âge.

la surprise-partie (soirée au cours de laquelle des jeunes sont réunis chez l'un d'entre eux pour boire et danser); le disque; l'électrophone *m* (appareil qui

permet d'écouter des disques); la bande magnétique, la bande; le magnéto-
phone; le jazz; la danse; la danse lente / rapide; le blues; le rock; la musique
pop

mettre/passer un disque/une bande; ouvrir la radio ≠ fermer la radio; chercher un poste: France-Inter, Europe No 1, Radio Luxembourg; vous dansez,
Mademoiselle? je ne sais pas danser; je ne sais pas très bien danser; c'était une
bonne soirée/une soirée sympathique/formidable *fam* (très belle, très réussie)/
extraordinaire; je me suis bien amusé, e ≠ je me suis ennuyé, e/embêté, e *fam*

---

4. Expressions et locutions

avoir rendez-vous avec qn; prendre rendez-vous pour samedi soir
inviter qn à déjeuner / à dîner
il faut/faudrait que vous veniez nous voir un soir/un jour – avec plaisir
excusez-moi d'être en retard – je vous en prie, cela n'a pas d'importance
comment allez-vous/vas-tu? vous allez bien? ça va? *fam* – très bien, merci;
    et vous-même?/et toi?
comment va Mme Dupont/M. Dupont/votre frère/vont les enfants?
je vous présente Monsieur Durand; permettez-moi de vous présenter M. Du-
    rand; – je suis enchanté/très heureux de faire votre connaissance
je me suis permis de vous apporter un petit cadeau
c'est très gentil de votre part/de ta part; vous êtes vraiment trop gentil
qu'est-ce que vous prenez? qu'est-ce que je vous sers/offre? qu'est-ce que je
    vous sers/offre comme apéritif?
un peu de porto? du whisky? – avec plaisir; volontiers; je veux bien; je pren-
    drai volontiers un peu de porto
vous fumez? – oui, volontiers ≠ non, merci
si vous voulez bien passer à table, s'il vous plaît!
je suis très heureux de vous avoir vu
il faut maintenant que je vous quitte; je regrette de ne pas pouvoir rester plus
    longtemps
je vous remercie de votre invitation

VI. La circulation en ville

1. Etude d'un dialogue

La circulation dans Paris

Personnages: ANNE, étudiante habitant Rouen;
CLAIRE, son amie;
UN PASSANT;
UN AUTOMOBILISTE.

Les deux jeunes filles sont venues à Paris dans la voiture d'Anne pour voir une pièce de théâtre au T. N. P.

ANNE: Ah, voilà une place pour se garer.

CLAIRE: On y est déjà, au T. N. P.?

ANNE: Non. Il nous reste un petit bout de chemin à faire à pied. Mais il vaut mieux se garer à dix minutes du théâtre que de tourner autour pendant un quart d'heure sans savoir où stationner.

(Elles descendent de voiture et commencent à marcher.)

CLAIRE: Tu ne mets pas de disque de stationnement?

ANNE: Non, à cette heure-ci, le disque n'est plus obligatoire. Viens, on va passer par là.

CLAIRE: Il ne faudrait pas qu'on arrive en retard. Il paraît qu'au T. N. P., le spectacle commence à l'heure.

ANNE *(tourne à droite):* Il faut prendre cette rue, je crois. *(S'adressant à un passant:)* Pardon, Monsieur, pour aller au T. N. P., c'est bien jusqu'au feu rouge et puis à gauche?

LE PASSANT: Oui, Mademoiselle, vous tournez à gauche au prochain feu rouge. Ensuite, c'est tout droit.

ANNE: Merci, Monsieur. – *(A Claire:)* On n'est pas en retard, mais on va se dépêcher quand même.

CLAIRE: Moi, j'aurais peur de rouler ici. Il y a tant de sens interdits, et les gens vont tellement vite ...

ANNE: Théoriquement, on doit aller à soixante à l'heure en ville. Mais quand tu fais vraiment du soixante à l'heure dans Paris, les Parisiens se moquent de toi. Remarque, on n'avance pas toujours aussi vite que ce soir. Quand on est pris par exemple dans un embouteillage ou bien bloqué dans les files qui rentrent à Paris le dimanche soir, on fait plutôt du cent mètres à l'heure.

CLAIRE: Dis donc, il n'y a pas de priorité à droite à Paris?

ANNE: Si.

CLAIRE: Mais plusieurs voitures qui venaient de droite t'ont laissée passer.

ANNE: Oui, ça arrive souvent. Beaucoup de gens renoncent à leur priorité quand ils sortent d'une petite rue pour aller sur un grand boulevard. Ils ont peur des bosses.

CLAIRE: Pourtant, il me semble qu'il y a beaucoup de voitures qui ont des bosses.

ANNE: Tu savais que les assurances automobiles sont plus chères à Paris que dans les villes de province?

CLAIRE: Tiens, je ne savais pas ça!

(*Sans chercher de passage pour piétons, elles traversent la rue pour gagner le trottoir d'en face. La nuit tombe, la plupart des voitures ont allumé leurs lanternes. Les jeunes filles sont presque arrivées de l'autre côté, lorsqu'une voiture freine violemment et s'arrête tout près d'elles. Un homme d'une trentaine d'années en descend.)*

L'AUTOMOBILISTE *(en colère)* : Dites donc! il n'est pas défendu de regarder avant de traverser! Vous croyez peut-être que ça me fait plaisir d'écraser des piétons! Des jeunes filles en plus de ça ...!

ANNE: Excusez-nous, Monsieur! Nous ne vous avions pas vu. Nous sommes vraiment désolées.

L'AUTOMOBILISTE *(moins fâché)* : Vous m'avez fait peur, je vous assure. Heureusement que j'ai de bons réflexes.

CLAIRE: Oui, vous avez bien freiné.

L'AUTOMOBILISTE: Enfin, on l'a échappé belle. *(Il réfléchit un peu.)* Dites, pour fêter ça, je vous invite à prendre quelque chose?

ANNE: Non, merci beaucoup, Monsieur, vous êtes vraiment trop gentil.

L'AUTOMOBILISTE: Mais je pourrais peut-être vous conduire quelque part?

ANNE: Nous allons au T. N. P. Merci beaucoup. Et excusez-nous encore une fois, Monsieur!

(Au T. N. P., la pièce vient de commencer. Elles seront obligées d'attendre la fin du premier acte. – Déçues, elles sortent du théâtre pour se promener un peu.)

CLAIRE: Anne, regarde!

ANNE: Oui, qu'est-ce qu'il y a?

CLAIRE: Tu vois ces places libres? Tu aurais pu te garer ici.

ANNE: Zut! si j'avais su ça ...

la circulation	le va-et-vient des véhicules, p. ex. des voitures, des bicyclettes
le T.N.P.	le Théâtre National Populaire, au Palais de Chaillot
se garer *fam*	mettre la voiture à un endroit où elle ne gêne pas la circulation
stationner	en parlant des automobiles: être arrêté en un lieu (il est défendu de stationner sur un passage pour piétons)
le disque de stationnement	disque indiquant depuis quand une voiture est en stationnement (maximum autorisé: une heure et demie); il faut mettre ce disque dans les «zones bleues» des villes françaises
le disque est obligatoire	on est obligé de mettre le disque
il paraît que	on dit que
le feu rouge	signal lumineux rouge (il faut s'arrêter au feu rouge; on peut passer au feu vert)

tout droit	sans tourner ni à gauche ni à droite
se dépêcher	faire vite
le sens interdit	défense d'entrer dans une rue; on ne peut y rouler que dans l'autre sens
l'embouteillage *m*	se dit quand les voitures sont si nombreuses dans une rue ou sur une route qu'elles ne peuvent plus avancer
être bloqué, e	ne plus pouvoir avancer
la file	ici: file de voitures; voitures les unes derrière les autres
la priorité à droite	elle oblige à laisser passer les véhicules (voitures, bicyclettes, etc.) venant de droite
la bosse	ce que l'on voit sur une voiture qui a eu un petit accident ou sur le front d'un enfant qui vient de tomber
l'assurance *f*	ici: garantie de recevoir une somme d'argent en cas d'accident
le piéton	personne qui marche à pied
les lanternes *f*	éclairage le moins fort d'une voiture (en France, les gens roulent normalement en lanternes dans les rues bien éclairées)

IMMATRICULATION DES VÉHICULES

Ain	1	Hérault	34	Rhin (Bas)	67
Aisne	2	Ille-et-Vilaine	35	Rhin (Haut)	68
Allier	3	Indre	36	Rhône	69
Alpes (Basses)	4	Indre-et-Loire	37	Saône (Haute)	70
Alpes (Hautes)	5	Isère	38	Saône-et-Loire	71
Alpes (Maritimes)	6	Jura	39	Sarthe	72
Ardèche	7	Landes	40	Savoie	73
Ardennes	8	Loir-et-Cher	41	Savoie (Haute)	74
Ariège	9	Loire	42	Seine-Paris	75
Aube	10	Loire (Haute)	43	Seine-Maritime	76
Aude	11	Loire-Atlantique	44	Seine-et-Marne	77
Aveyron	12	Loiret	45	Les Yvelines	78
Bouches-du-Rhone	13	Lot	46	Sèvres (Deux)	79
Calvados	14	Lot-et-Garonne	47	Somme	80
Cantal	15	Lozère	48	Tarn	81
Charente	16	Maine-et-Loire	49	Tarn-et-Garonne	82
Charente-Maritime	17	Manche	50	Var	83
Cher	18	Marne	51	Vaucluse	84
Corrèze	19	Marne (Haute)	52	Vendée	85
Corse	20	Mayenne	53	Vienne	86
Côte-d'Or	21	Meurthe-et-Moselle	54	Vienne (Haute)	87
Côtes-du-Nord	22	Meuse	55	Vosges	88
Creuse	23	Morbihan	56	Yonne	89
Dordogne	24	Moselle	57	Belfort, Territoire	90
Doubs	25	Nièvre	58	Essonne	91
Drôme	26	Nord	59	Hauts-de-Seine	92
Eure	27	Oise	60	Seine-Saint-Denis	93
Eure-et-Loir	28	Orne	61	Val-de-Marne	94
Finistère	29	Pas-de-Calais	62	Val-d'Oise	95
Gard	30	Puy-de-Dôme	63	Guadeloupe	971
Garonne (Haute)	31	Pyrénées (Basses)	64	Martinique	972
Gers	32	Pyrénées (Hautes)	65	Guyane	973
Gironde	33	Pyrénées-Orientales	66	Réunion	974

freiner	(on freine pour arrêter une voiture ou pour aller moins vite)
violemment (adj. violent) [vjɔlamɑ̃]	très fort et brusquement
écraser un piéton	faire tomber et blesser (ou tuer) un piéton
être désolé, e	regretter vivement
l'échapper belle	éviter de peu un danger
fêter	(on a fêté son anniversaire; Pâques et Noël sont des fêtes religieuses)
prendre qc	ici: boire qc
déçu, e (v. décevoir)	qui a espéré une chose qui n'est pas arrivée
zut! *fam* [zyt]	s'emploie quand on n'est pas content

---

2. Terminer ce dialogue

«Conduite parisienne»

Yves Nédellec, jeune Breton habitant Paris depuis un an, est venu chercher à la gare Montparnasse son cousin Hervé qui lui rend visite.

YVES *(se dirige avec Hervé vers sa voiture qu'il a laissée tout près d'un arrêt d'autobus):* C'est celle-là.

HERVÉ *(surpris, montre à Yves une petite feuille sous l'essuie-glace):* Yves! tu as une contravention.

YVES: Ah bon! *(Met la contravention dans sa poche.)* Une de plus. Ne t'en fais pas. Ici, tout le monde en a. *(Ils s'installent dans la voiture, et Yves la met en marche, obligeant une autre voiture à s'arrêter.)* – Tu as déjà le permis de conduire?

HERVÉ: Juste celui pour moto. Je n'ai pas encore dix-huit ans.

YVES: Moi, je l'ai depuis trois mois.

HERVÉ: Attention! tu es passé à l'orange!

YVES: Et alors? Ce qui compte à Paris, mon vieux, c'est de savoir conduire. *(Il freine brusquement.)*

HERVÉ *(se tient des deux mains):* Ecoute, tu me fais peur.

YVES: Mais non, tu t'y habitueras. C'est la conduite parisienne. Regarde. L'église Saint-Germain-des-Prés. Et maintenant, on arrive sur le Boulevard Saint-Germain.

Imaginez la suite de cette promenade en voiture jusqu'au moment où Yves cale le moteur au milieu d'un carrefour et où un autre automobiliste lui dit: «Dites, ici, on n'est pas en province!».

Ce qui peut arriver à Yves:
traverser un passage pour piétons sans faire attention;
tourner à droite ou même à gauche sans mettre son clignotant;
vouloir doubler sans regarder en arrière pendant qu'une voiture est déjà en
    train de le dépasser;
prendre un sens interdit;
brûler un feu rouge, etc.

la conduite	façon de conduire une voiture
un arrêt d'autobus	endroit où s'arrête un autobus
l'essuie-glace *m*	appareil qui sert à essuyer la glace avant d'une voiture quand il pleut
la contravention	punition légère donnée par un agent de police
s'en faire *fam*	se faire du souci
le permis de conduire	papier qui permet à qn de conduire, p. ex. une voiture
la moto *fam*	la motocyclette
l'orange *m*	couleur du feu après le rouge et avant le vert
s'habituer à qc	prendre l'habitude de qc
caler le moteur	arrêter le moteur sans le vouloir
le carrefour	endroit où se rencontrent des rues ou bien des routes
mettre son clignotant	indiquer que l'on veut tourner à gauche ou à droite ou bien que l'on veut dépasser un véhicule
doubler (une voiture)	la dépasser
brûler un feu rouge	ne pas s'arrêter au feu rouge

3. Inventer des dialogues

a) Un accident

Dans une ville de province, un automobiliste tourne à droite sans mettre son clignotant, au moment où un cycliste veut le dépasser à droite – ce qui est interdit. Le cycliste est renversé. Ils ont donc tort tous les deux. – Personnages: l'automobiliste; le cycliste; un témoin

le cycliste (personne qui va à bicyclette); le témoin (personne qui a assisté à qc, p. ex. à un accident); faire attention; être blessé; la blessure; saigner (perdre son sang); la bosse; une roue tordue (roue qui a perdu sa forme); une petite / grosse réparation;

il est permis de ≠ il est interdit de; c'est de ma faute / de votre faute; être responsable d'un accident (avoir causé un accident); la responsabilité est partagée; avoir sa carte d'assurance sur soi; déclarer l'accident à l'assurance; la voiture et la bicyclette se sont heurtées; être témoin d'un accident; je suis témoin que ...

b) Comment aller du Dôme des Invalides à la Place Vendôme?

Un étranger demande son chemin à un passant; il le redemande à la Place de la Concorde.

indiquer le chemin; passer par ..., passer devant ...; continuer jusqu'à la deuxième rue à gauche / jusqu'au carrefour

4. Expressions et locutions

aller à pied / à bicyclette / en moto / en voiture
faire une promenade à pied / en voiture, etc.
aller tout droit
prendre une rue
tourner à gauche / à droite
gagner le trottoir d'en face
de ce côté-ci; de ce côté-là; de l'autre côté de la rue
demander le chemin à qn
pour aller à ..., s'il vous plaît?

pourriez-vous me dire comment aller à ...

c'est par ici; c'est par là; passez par là

je me suis trompé de chemin

monter en voiture ≠ descendre de voiture

avoir le permis de conduire; avoir le permis

la voiture va vite; aller à 100 kilomètres à l'heure; aller à 100 à l'heure; faire
du 100 kilomètres à l'heure

être pris dans un embouteillage; être bloqué

avoir la priorité; qui a la priorité ici? il faut respecter la priorité à droite;
il n'y a pas de priorité à droite ici

avoir / ne pas avoir priorité sur un autre véhicule

passer à l'orange

brûler un feu rouge / un stop

avoir de bons réflexes

conduire comme un fou

avoir une contravention

avoir un accident; la voiture a heurté un camion

écraser un piéton

VII. Postes et Télécommunications

1. Etude d'un dialogue

Au bureau de poste

Personnages: MONSIEUR ERARD;
UNE EMPLOYÉE des P. et T.;
UN EMPLOYÉ des P. et T.;
UNE DAME;
LA VOIX DE MONSIEUR DURAND au téléphone.

La scène se passe dans un bureau de poste à Orléans. Monsieur Erard attend son tour au guichet « Téléphone, Télégrammes ».

L'EMPLOYÉE *(s'adressant à M. Erard)*: Monsieur?

M. ERARD: Je voudrais le 033 96 23 à Paris, s'il vous plaît.

L'EMPLOYÉE *(note le numéro et essaie d'avoir la communication. Un moment plus tard:)* Cabine deux, Monsieur!

(M. Erard entre dans la cabine et décroche le récepteur.)

M. ERARD: Allô!

LA VOIX: Allô!

M. ERARD: C'est toi, Jacques?

LA VOIX: Oui, c'est Jacques Durand. Qui est à l'appareil?

M. ERARD: Ici Roger, d'Orléans. Bonjour, Jacques.

LA VOIX: Ah! bonjour Roger. Comment vas-tu?

M. ERARD: Ça va, merci. – Dis, j'aimerais bien faire un tour à Paris le week-end prochain. Vous serez là?

LA VOIX: Oui. C'est une bonne idée, on sera content de vous voir. Vous pourrez tous coucher chez nous.

M. ERARD: Tu sais, je préfère venir seul. Je vois les deux gosses tous les soirs quand je rentre du bureau, je m'en passerai bien pour un week-end. Et quant à ma femme, je crois qu'elle préfère rester à la maison.

LA VOIX: Tu crois? Eh bien, c'est comme tu veux. – Tu arriveras quand?

M. ERARD: J'arriverai en fin d'après-midi.

LA VOIX: Entendu. Alors, à samedi! – Donne le bonjour à ta femme. C'est dommage pour elle!

M. ERARD: Elle viendra une autre fois. Au revoir, Jacques.

LA VOIX: A bientôt, Roger!

(M. Erard sort de la cabine et retourne au guichet.)

L'EMPLOYÉE: Trois francs trente, Monsieur. *(Elle prend l'argent que M. Erard lui tend.)* Merci.

(M. Erard va au guichet «Affranchissements, tous mandats».)

M. ERARD *(donne une lettre à l'employé):* Je voudrais recommander cette lettre. C'est combien, s'il vous plaît?

L'EMPLOYÉ *(prend la lettre):* Trois francs, Monsieur.

M. ERARD: Et un carnet de timbres à cinquante.

L'EMPLOYÉ: Un carnet de dix ou de vingt?

M. ERARD: De dix. – Pendant que je suis là, je voudrais toucher un mandat que le facteur a apporté hier. Il n'y avait personne à la maison, et il a laissé cet avis dans la boîte aux lettres.

L'EMPLOYÉ *(regarde le papier que M. Erard lui montre, hésite, puis cherche le mandat. Après l'avoir trouvé):* Oui – seulement, c'est un mandat au nom de Madame Erard. Avez-vous une procuration?

M. ERARD: Non, Monsieur, c'est ma femme. Je vais vous montrer ma carte d'identité.

L'EMPLOYÉ: Ce n'est pas cela, Monsieur. Je ne peux pas vous donner l'argent sans procuration.

M. ERARD: Il faudrait que ma femme me donne une procuration? Mais c'est ridicule! Qu'est-ce que c'est que cette histoire?

L'EMPLOYÉ: Ce n'est pas une histoire, Monsieur, c'est le règlement. – Huit francs, s'il vous plaît.

M. ERARD *(s'écrie):* Mais donnez-moi cet argent, enfin! Est-ce que je suis le chef de famille, oui ou non? C'est moi qui gagne l'argent et qui m'en occupe!

UNE DAME *(qui attend derrière lui):* Monsieur, je suis pressée. Vous avez bien entendu que Monsieur ne peut pas vous donner l'argent.

M. ERARD *(en colère):* Vous aurez la gentillesse d'attendre. Ce sera votre tour quand j'aurai terminé. *(Il veut encore parler à l'employé.)*

LA DAME: Vous vous trompez, Monsieur. Ce n'est pas à votre femme que vous parlez!

(Cherchant un instant une réponse, mais n'en trouvant pas, M. Erard sort son porte-monnaie et donne un billet de dix francs à l'employé.)
L'EMPLOYÉ *(après lui avoir rendu la monnaie)* : Merci, Monsieur. – Madame?

la communication	ici: ce qui permet à deux personnes de se parler au téléphone (je lui ai téléphoné, mais la communication était si mauvaise que je n'ai presque rien entendu)
les télécommunications *f*	(le Ministère des Postes et Télécommunications s'occupe des postes, du téléphone, du télégraphe et de la transmission des programmes de la radio et de la télévision)
les P. et T. [petete]	les Postes et Télécommunications; *autrefois*: les P.T.T. = Postes, Télégraphes et Téléphones; quand on parle, on dit toujours «P.T.T.»
attendre son tour	attendre d'être servi
le guichet	installation, p. ex. à la poste, à la gare ou dans le métro, derrière laquelle un employé vend des timbres, des billets, des tickets, etc.
décrocher qc	détacher une chose de l'objet auquel elle est suspendue (pour téléphoner, il faut décrocher le récepteur avant de former le numéro)
le récepteur	partie du téléphone dans laquelle on parle et avec laquelle on écoute
coucher	passer la nuit
les gosses *fam*	les enfants
se passer de	renoncer à
c'est dommage	je regrette
affranchir une lettre	mettre le timbre nécessaire
le mandat	ici: mandat-carte; formulaire du service des postes sur lequel on indique la somme d'argent que l'on veut envoyer à qn
recommander une lettre	payer plus cher à la poste pour avoir la garantie que la lettre ne se perdra pas
le carnet de timbres	dix ou vingt timbres vendus ensemble dans une sorte de petite enveloppe
toucher un mandat	se faire payer un mandat
l'avis *m*	ici: feuille de papier par laquelle la poste informe une personne qu'un mandat, une lettre recommandée, etc. est arrivé pour elle

la procuration	papier par lequel une personne permet officiellement à une autre personne de faire qc en son nom, p. ex. toucher de l'argent, aller chercher une lettre recommandée
la carte d'identité	carte officielle portant la photographie d'une personne, son nom, son adresse, etc.
être pressé, e	avoir très peu de temps

2. Transformer ce texte en dialogue

Au café-tabac

Une jeune étrangère – vous lui donnerez un nom et une nationalité – est arrivée en début d'après-midi à la Gare du Nord à Paris. Elle s'est installée dans un café près de la gare, a bu quelque chose et écrit une lettre à ses parents. Ensuite, elle a payé et veut maintenant quitter le café, sa lettre à la main.

a) La jeune fille demande au patron du café où se trouve le bureau de poste le plus proche. On lui répond qu'il est à côté de la gare, mais que le café fait aussi bureau de tabac: si elle veut des timbres, elle peut les y acheter. La jeune fille trouve cela très bien. Elle demande à combien il faut affranchir les lettres et cartes postales pour l'étranger. Elle apprend que pour son pays qui est un des pays du Marché Commun, le tarif est le même que pour la France: cinquante centimes pour les lettres et trente centimes pour les cartes postales. La jeune fille prend cinq timbres à cinquante centimes et trois timbres à trente centimes. En plus de cela, elle achète un paquet de Gauloises et une petite boîte d'allumettes. Elle doit payer cinq francs.

Elle veut aller quand même au bureau de poste pour téléphoner, mais le patron du café lui explique qu'elle peut très bien téléphoner de chez lui, puisque c'est pour Paris: il y a une cabine téléphonique au fond de la salle. La jeune fille est bien contente de ne pas être obligée d'aller à la poste. Le patron lui vend un jeton dont elle a besoin pour téléphoner. Le jeton coûte soixante centimes. Le patron lui propose l'annuaire, mais elle a déjà le numéro.

b) *Une fois dans la cabine, elle introduit le jeton dans l'appareil et forme le numéro.* Elle entend une voix de femme et demande si c'est bien chez M. et Mme Dubois.

La personne qui est au bout du fil demande qui est à l'appareil. La jeune fille dit son nom et commence à expliquer où elle se trouve. Mais la personne continue à poser la même question, *puis raccroche*.

La jeune fille sort de la cabine et dit au patron ce qui s'est passé. Elle pense que l'appareil est en panne. Le patron lui explique que l'appareil marche très bien, mais qu'elle a simplement oublié d'appuyer sur le bouton avant de parler. Il propose à la jeune fille de l'aider; celle-ci accepte.

Il entre dans la cabine, refait lui-même le numéro et constate que cette fois-ci, c'est occupé. Il lui conseille alors d'attendre un petit peu.

c) *Quand elle essaie une troisième fois de téléphoner, elle entend sonner chez les Dubois, mais personne ne répond.* Elle raconte cela au patron; elle est très ennuyée, car elle devait téléphoner à ses amis pour qu'ils viennent la chercher. Le patron lui conseille de prendre le métro ou l'autobus. Elle a peur que ce ne soit trop difficile, mais d'après le patron, il suffit de trouver la bonne ligne; justement, il vend des plans de Paris où toutes les lignes de métro et d'autobus sont indiquées. La jeune fille en achète un; il coûte six francs cinquante.

Elle tient toujours sa lettre à la main et suppose qu'il y a aussi une boîte aux lettres au café-tabac. Mais le patron regrette. Il lui conseille de retourner à la gare pour poster sa lettre: les levées y sont nombreuses. En plus de cela, elle pourra y prendre le métro ou le bus.

le tabac *fam* [taba]	ici: le bureau de tabac (on reconnaît un bureau de tabac à son gros cigare rouge au-dessus de l'entrée)
le café-tabac	café avec bureau de tabac
proche	qui n'est pas loin
le Marché Commun *common market*	union économique entre la France, l'Allemagne de l'Ouest, l'Italie, la Belgique, les Pays-Bas et le Luxembourg, *l'Angleterre, l'Irlande et le Danemark*
les Gauloises *f*	marque française de cigarettes que produit l'Etat et dont le tabac est brun
au fond de la salle	dans la partie de la salle la plus éloignée de l'entrée
le jeton	pièce de métal qui fait fonctionner certains appareils téléphoniques publics
l'annuaire *m*	livre paraissant chaque année et contenant les adresses des personnes ayant le téléphone et leurs numéros
au bout du fil *fam*	à l'autre bout de la ligne

60

raccrocher _put down receiver_ ≠ décrocher; remettre le récepteur sur l'appareil téléphonique

être en panne — se dit quand un appareil ou une machine ne marchent
pas

être ennuyé, e _not to know what to do_ — ici: ne pas savoir quoi faire

poster une carte/une lettre — mettre une carte/une lettre à la boîte aux lettres

la levée _collection_ — ouverture d'une boîte aux lettres par un employé des
P. et T. pour en retirer les lettres

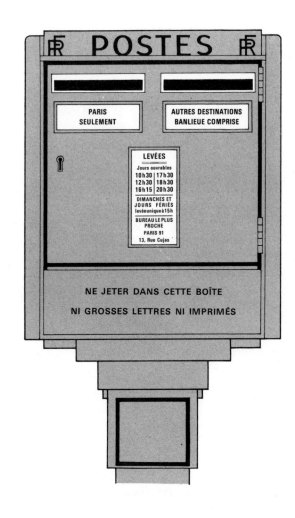

3. Inventer des dialogues

a) Un mandat international

Un jeune étranger passe ses vacances dans une famille française. Un jour, le facteur apporte en même temps que le courrier un mandat international envoyé par les parents du jeune homme, mais celui-ci n'est pas là. Le facteur ne peut pas donner l'argent à la maîtresse de maison parce qu'elle n'a pas de procuraration. – Quelques heures plus tard, le jeune étranger est au bureau de poste et touche son mandat.

le courrier (tout ce que le facteur met dans la boîte aux lettres, p. ex. les lettres, les cartes postales); le destinataire d'une lettre / d'un mandat (personne à qui l'on envoie une lettre / un mandat) ≠ l'expéditeur *m* (personne qui envoie une lettre / un mandat); signer; la signature
présenter sa carte d'identité; veuillez signer; signer au verso (signer au dos d'un papier); mettre sa signature (signer)

b) Un coup de téléphone

Un garçon de dix-huit ans qui se trouve en compagnie d'une jeune fille de son âge, s'arrête devant un café. Il voudrait téléphoner à un ami pour lui demander s'il a envie de venir au cinéma avec eux. Il propose à la jeune fille de prendre un café en l'attendant. Elle refuse et le quitte. Elle aurait voulu qu'ils aillent au cinéma à deux. – Le jeune homme entre seul et va téléphoner à son ami.

donner un coup de téléphone à qn (téléphoner à qn)

4. Expressions et locutions

je voudrais un timbre à cinquante centimes; un timbre à cinquante centimes / à cinquante, s'il vous plaît
je voudrais un carnet de dix timbres à cinquante centimes
combien coûte une lettre pour l'Allemagne de l'Ouest? à combien faut-il affranchir une lettre pour l'Allemagne de l'Ouest? – c'est le même tarif que pour la France
je voudrais recommander une lettre

62

combien de temps mettra cette lettre pour arriver à Francfort ? – elle mettra
  deux jours

envoyer une lettre par avion

poster une lettre; mettre une lettre à la boîte aux lettres / à la boîte

la levée a lieu à ... heures; la prochaine levée aura lieu à ... heures

envoyer un mandat à qn ≠ toucher un mandat

envoyer un télégramme à qn

avez-vous le téléphone?

téléphoner à qn; téléphoner à qn de chez qn

former / faire / composer le numéro de téléphone / le numéro

je voudrais le 033 96 23 à Paris

avoir / ne pas avoir la communication; j'ai mis une demi-heure pour avoir la
  communication

décrocher le récepteur ≠ raccrocher le récepteur

Allô! – Allô! – M. Durand? / C'est M. Durand? – Oui, c'est moi. Qui est à
  l'appareil? – Ici Mme Dubois ...

la ligne est occupée; c'est occupé ≠ la ligne est libre; c'est libre

c'est libre, mais on ne répond pas

VIII. Travail et métiers

1. Etude d'un dialogue

A la recherche d'un emploi

Personnages: UN OUVRIER qui cherche du travail;
LE CHEF DU PERSONNEL d'une usine de constructions mécaniques;
SA SECRÉTAIRE.

La scène se passe un lundi matin dans le bureau de la secrétaire, puis dans celui du chef du personnel.

L'OUVRIER *(rend à la secrétaire une feuille qu'elle lui a donnée à remplir)*: Voilà.

LA SECRÉTAIRE *(regarde la feuille)*: Vous n'avez pas indiqué combien de temps vous avez travaillé chez votre dernier employeur. *(Elle lui redonne la feuille. L'ouvrier la rapporte quelques instants plus tard.)* Bon, ça va.

L'OUVRIER: Qui est-ce que je dois voir maintenant?

LA SECRÉTAIRE: Le chef du personnel. *(Elle regarde sa montre.)* En général, il est là à huit heures, mais aujourd'hui, c'est lundi, vous comprenez. *(Un quart d'heure plus tard, la secrétaire frappe à l'une des portes, entre, puis revient.)* Vous pouvez entrer. Le chef du personnel vous attend.

L'OUVRIER *(entre dans le bureau voisin)*: Bonjour, Monsieur.

LE CHEF DU PERSONNEL: Bonjour, Monsieur. Asseyez-vous. Vous cherchez du travail?

L'OUVRIER: Oui, j'ai vu que l'usine embauche.

LE CHEF DU PERSONNEL: C'est juste. – Etes-vous ouvrier qualifié? *(Il commence à lire avec attention la feuille que l'ouvrier vient de remplir.)*

L'OUVRIER: Non, je n'ai pas de C. A. P.

LE CHEF DU PERSONNEL: Et vous n'êtes pas spécialisé non plus?

L'OUVRIER: Non, Monsieur.

LE CHEF DU PERSONNEL: Ça n'a pas d'importance. Nous embauchons des manœuvres. – Je vois que vous êtes syndiqué.

L'OUVRIER: Oui, à la C. G. T.

5 – 5258/1

LE CHEF DU PERSONNEL: Vous avez été longtemps en chômage?

L'OUVRIER: Trois semaines.

LE CHEF DU PERSONNEL: Vous n'êtes resté que quatre mois chez votre dernier employeur. C'est peu, quatre mois. Vous avez été licencié?

L'OUVRIER *(hésite)*: Eh ben...

LE CHEF DU PERSONNEL: Alors – je pense qu'il n'y a rien eu de grave?

L'OUVRIER: Non.

LE CHEF DU PERSONNEL: Est-ce qu'il y a eu des grèves?

L'OUVRIER: Non, pas une seule fois. – J'ai été renvoyé parce que je suis arrivé plusieurs fois en retard.

LE CHEF DU PERSONNEL: C'est ennuyeux. Vous savez, la chaîne n'attend pas, et il faut que tout le monde soit là à l'heure!

L'OUVRIER: C'est sûr.

LE CHEF DU PERSONNEL: Bon. – Nous travaillons de sept heures du matin à cinq heures du soir avec une heure de pause de midi à une heure. Nous ne travaillons pas le samedi.

L'OUVRIER: Ça fait une semaine de quarante-cinq heures.

LE CHEF DU PERSONNEL: C'est exact. – Quel salaire touchiez-vous dans la dernière entreprise où vous avez travaillé?

L'OUVRIER: Je gagnais quatre francs quatre-vingt de l'heure...

LE CHEF DU PERSONNEL: Evidemment, ce n'était pas mal. Ici, nous ne pouvons pas vous donner plus de quatre francs trente. Est-ce que ce salaire vous convient?

L'OUVRIER *(hésite)*: Ça ferait donc à peu près cent soixante-dix francs par semaine pour les quarante heures normales, sans compter les cinq heures supplémentaires.

LE CHEF DU PERSONNEL: C'est cela. Et les heures supplémentaires sont payées vingt-cinq pour cent de plus que les heures normales. – D'ailleurs, si nous sommes contents de vous, vous pourriez avoir une augmentation. – Alors, vous acceptez?

L'OUVRIER *(après avoir réfléchi un instant)*: Oui, Monsieur.

LE CHEF DU PERSONNEL: Très bien. Vous serez donc quinze jours à l'essai pour qu'on voie comment vous travaillez. Vous vous présenterez demain matin à sept heures précises au chef d'atelier. – Et tâchez d'être à l'heure! – Voilà. Au revoir, Monsieur.

L'OUVRIER *(se lève)*: Au revoir, Monsieur.

66

l'emploi *m*	(du v. employer) ici: tout travail payé
embaucher qn	prendre qn à son service
l'ouvrier qualifié	ouvrier qui a appris un métier et possède le C.A.P.
le C.A.P. [seape]	Certificat d'Aptitude Professionnelle; diplôme qui prouve qu'une personne a appris un métier tel que celui de boulanger, mécanicien, secrétaire, etc.
l'ouvrier spécialisé	ouvrier non qualifié – sans C.A.P. – qui n'a pas appris de métier, mais qui a quand même des connaissances spéciales
le manœuvre	ouvrier non qualifié et non spécialisé faisant des travaux qui ne demandent pas de connaissances spéciales
être syndiqué e,	être membre d'un syndicat
le syndicat	organisation qui défend les intérêts des gens qui ont la même situation sociale: syndicat ouvrier, syndicat patronal, syndicat d'enseignants, etc.
la C.G.T.	Confédération Générale du Travail; syndicat ouvrier français le plus important, de tendance communiste
le chômage	situation de celui qui est sans travail
être licencié, e	perdre son emploi
eh ben *fam* [ebɛ̃]	eh bien
la grève	action d'ouvriers, d'employés, etc. qui arrêtent de travailler pour obtenir ce qu'ils demandent
renvoyer qn	ne pas garder qn
ennuyeux, se	ici: qui est gênant et n'est pas agréable
la chaîne	ici: chaîne de fabrication; système de production industrielle: on obtient le produit après qu'il a passé, les unes après les autres, toutes les étapes nécessaires à sa fabrication
le salaire	somme d'argent qu'un employeur paie régulièrement à celui qui travaille pour lui
l'entreprise *f*	(une usine, un supermarché, une ferme, une banque sont des entreprises)
l'heure *f* supplémentaire	heure de travail faite en plus de celles que l'on doit faire normalement et mieux payée
l'augmentation *f*	ici: augmentation de salaire; demander une augmentation de salaire = demander un salaire plus élevé
l'essai *m*	du v. essayer
l'ouvrier est à l'essai	l'employeur veut voir si l'ouvrier travaille bien avant de l'embaucher vraiment

2. Terminer ce dialogue

Comment gagner sa vie ?

Personnages: MONSIEUR LAGRANGE, agriculteur possédant une petite ferme de vingt hectares dans la région de Nancy;
JEAN, son fils unique, qui a dix-sept ans.

La scène se passe un soir de printemps alors que la famille est à table.
JEAN: Je voulais vous dire que j'ai décidé d'aller en Bretagne au mois de juin.
M. LAGRANGE: Comment? Qu'est-ce que tu dis?
JEAN: Je vais aller en vacances en Bretagne. Je partirai avec Robert. Il aura la 2 CV de son père.
M. LAGRANGE: Tu as déjà vu des agriculteurs partir en vacances? Pas moi. Et le travail? Qui est-ce qui le fera?
JEAN: Ne t'en fais pas. Je serai là pour les foins. Et puis, les ouvriers ont bien des vacances. Pourquoi est-ce que moi, je n'en aurais pas?
M. LAGRANGE: Tu n'as qu'à être ouvrier!
JEAN: Et alors? Si j'étais ouvrier, je toucherais un salaire régulier et je ferais une semaine de quarante-cinq heures. – D'ailleurs, à Nancy, on embauche du personnel non qualifié.

Ce que dira Monsieur Lagrange: Il pense que son fils n'a jamais manqué de rien à la ferme et trouve idiot de vouloir quitter la campagne pour aller se «tuer au boulot» à la ville. Il parle du chômage: Jean n'aurait pas de métier et pourrait être facilement licencié.

Et pourquoi vouloir travailler pour un patron d'usine? Plus tard, Jean sera le maître à la ferme. Celle-ci ne marche pas si mal que cela: ils n'ont pas de dettes. M. Lagrange doit pourtant reconnaître qu'ils ont déjà du mal à gagner leur vie.

Le projet qu'ont Jean et Robert de cultiver leurs terres ensemble, l'étonne. Tant qu'il sera vivant, il ne voudra pas d'autre patron dans sa ferme que lui-même ou son fils. Il est furieux et ne veut plus entendre parler de tout cela.

Ce que dira Jean: On se «tue au boulot» à la campagne encore plus qu'à la ville. A l'usine, on sait au moins à quelle heure on finit; en plus de cela, les heures supplémentaires sont payées, et l'on a quatre semaines de congés payés. Il connaît le danger du chômage. Il pourrait se spécialiser, ce serait déjà mieux que d'être manœuvre.

Il reconnaît l'avantage qu'il y a à travailler pour soi et non pas pour quelqu'un d'autre. Seulement, un jour ils ne s'en tireront plus avec une ferme aussi petite. C'est vrai qu'ils n'ont pas de dettes. Mais la vie devient de plus en plus chère, et bientôt leurs dix vaches ne suffiront plus.

Il parle d'un projet: si Robert et lui-même restent à la ferme, ils cultiveront leurs terres ensemble. Sur cinquante hectares, les machines seraient beaucoup plus rentables. Il n'est pas surpris que son père ne soit pas d'accord. Seulement, s'ils ne peuvent pas s'entendre avec les parents, Robert et lui s'embaucheront tous les deux à Nancy.

Il reste calme et regrette de ne pas pouvoir discuter avec son père comme avec son ami. – Pour le moment, une chose est sûre, c'est qu'il ira en vacances début juin.

l'agriculteur *m*	paysan
la 2 CV [døʃvo]	«la deux chevaux»; la plus petite des voitures de la marque Citroën
s'en faire *fam*	se faire du souci
le foin	l'herbe coupée et séchée que l'on donne à manger aux bêtes en hiver; faire les foins: couper, faire sécher et rentrer le foin
le boulot *pop*	le travail
les dettes *f*	l'argent que l'on doit à qn
les terres *f*	ici: les prés et les champs que possède un agriculteur
les congés payés	vacances payées qu'ont chaque année tous ceux qui touchent un salaire
s'en tirer *fam*	sortir d'une situation difficile

---

3. Inventer des dialogues

a) Faire les vendanges dans le Midi

Un jeune étranger voudrait faire les vendanges pour gagner un peu d'argent. Un jour de septembre, il s'adresse à un vigneron du Midi.

le vigneron (propriétaire de vignes);

les vendanges *f* (la récolte du raisin dans les vignes); le vendangeur; le raisin blanc / noir; la grappe de raisin (la grappe: groupe de fruits qui poussent ensemble); le sécateur (sorte de ciseaux servant à couper les grappes de raisin); vendanger, faire les vendanges; couper les grappes; avoir mal aux reins (avoir mal au dos)

b) Pourquoi êtes-vous en grève?

Un ouvrier en chômage arrive devant une usine qui embauche. Il veut entrer. Un ouvrier l'arrête et lui dit que l'usine est en grève. Les deux hommes parlent des raisons de la grève: salaires, durée du travail, licenciements.

le licenciement (le fait d'être licencié); le gréviste (personne qui fait grève); la direction / le patron de l'usine; le salarié (personne qui touche un salaire); cesser le travail ≠ reprendre le travail; l'usine marche bien ≠ / mal; demander / obtenir, avoir une augmentation de salaire / une réduction des heures de travail (moins d'heures de travail)

---

4. Expressions et locutions

travailler à son compte; travailler pour soi
toucher un salaire; être salarié
je cherche du travail; est-ce que vous embauchez?
être embauché ≠ être licencié
être en chômage
être syndiqué
travailler dans une usine / un magasin / un bureau, etc.
le travail commence à sept heures précises
travailler à la chaîne
apprendre un métier; apprendre le métier de boulanger; être en apprentissage, être apprenti
vouloir être mécanicien / boulanger / professeur, etc.
être mécanicien / boulanger / professeur / employé de bureau, etc.
passer / avoir son C.A.P.
être ouvrier qualifié / ouvrier spécialisé / manœuvre
gagner sa vie; avoir du mal à gagner sa vie

gagner 4 francs 50 de l'heure; gagner 170 francs par semaine

faire la semaine de 45 heures

faire des heures supplémentaires

avoir une augmentation de salaire / une augmentation

avoir des vacances ≠ ne pas avoir de vacances; prendre des vacances; être en
    vacances

avoir quatre semaines de congés payés

se mettre en grève; faire la grève, faire grève; être en grève

IX. | Au spectacle

1. Etude d'un dialogue

Au cinéma

Personnages: UN JEUNE HOMME;
UNE JEUNE FILLE;
LA CAISSIÈRE;
L'OUVREUSE.

Le jeune homme et la jeune fille se promènent un samedi après-midi sur le Boulevard Saint-Michel. Il commence à pleuvoir.

JEUNE HOMME: Viens, on va s'abriter dans cette petite rue.

JEUNE FILLE: Regarde mes cheveux. Je vais être belle! C'est un orage, on ne sait pas combien de temps ça va durer.

(Le jeune homme entraîne la jeune fille dans le hall d'un cinéma et regarde les photos.)

JEUNE FILLE: Qu'est-ce qu'on joue cette semaine?

JEUNE HOMME: Un film en couleurs. Attends que je regarde comment il s'appelle ... «Z». Drôle de titre! Tiens, je crois que j'en ai entendu parler.

JEUNE FILLE: Tu crois qu'il est bien, ce film? Il y a des vedettes?

JEUNE HOMME: Il y a Yves Montand, Jean-Louis Trintignant ...

JEUNE FILLE: Alors, on entre? C'est embêtant, cette pluie.

JEUNE HOMME: C'est un cinéma permanent. On peut y aller tout de suite.

JEUNE FILLE: C'est dix francs la place.

JEUNE HOMME: «Etudiants sept francs cinquante.» Je ne vois vraiment pas pourquoi il n'y a pas de réduction pour nous. Nous ne sommes pas riches non plus. *(A la caissière:)* Deux places, s'il vous plaît.

LA CAISSIÈRE: Vingt francs. *(Elle prend l'argent que le jeune homme lui donne.)* Merci, Monsieur. Voilà les billets. Vous arrivez juste à la fin du film. Si vous voulez attendre un petit peu ...

JEUNE HOMME: Non, tant pis, on va entrer tout de suite.

(Ils entrent dans la salle.)

JEUNE FILLE: Tu as de la monnaie pour l'ouvreuse?

JEUNE HOMME: J'ai une pièce de un franc.

(*L'ouvreuse arrive avec une lampe de poche et prend les deux billets.*)

L'OUVREUSE: Par ici, s'il vous plaît. (*Elle leur indique deux places dans une rangée du milieu et leur rend les billets. Le jeune homme lui tend la pièce de un franc.*) Merci beaucoup, Monsieur.

(*Ils s'installent. Sur l'écran, on voit des officiers en grand uniforme.*)

JEUNE HOMME: Tout le monde rit. Ça doit être un film comique.

(Le public cesse de rire. Le film se termine au bout de quelques minutes.)

JEUNE FILLE: Je n'y comprends pas grand-chose. Ça a l'air d'être un film policier.

JEUNE HOMME: Je ne sais pas. C'est peut-être un film politique – il paraît qu'on appelle ça un «film engagé». Enfin, on verra bien.

(La lumière revient dans la salle. C'est l'entracte. Des gens se lèvent et sortent. D'autres entrent. – Sur l'écran, on voit de la publicité.)

JEUNE FILLE: Je n'aime pas beaucoup toute cette réclame. Ils en font déjà assez dans les rues et dans le métro. Et à la radio!

(Ils regardent un petit dessin animé sur le lait. A la fin de ce film, on voit apparaître en grosses lettres sur l'écran: «Pas de sécurité sans sobriété» et une voix dit:) «Parents, si vous aimez vos enfants, buvez du lait!»

JEUNE HOMME: Drôle d'idée! Quand j'étais petit, mes parents me disaient: «Si tu aimes bien papa et maman, bois ton lait ...»

L'OUVREUSE *(passe avec un carton plein de chocolats glacés)*: Chocolats glacés! Demandez des chocolats glacés!

JEUNE HOMME: Ils auraient dû nous apporter un verre de lait après leur réclame. – Tu veux une glace?

JEUNE FILLE: Non, je préfère aller boire un pot quelque part après la séance.

(La lumière s'éteint. On passe un court métrage.)

JEUNE FILLE: Ah, un documentaire.

la caissière	personne à qui l'on paie dans un cinéma, un théâtre, un magasin
l'ouvreuse *f*	femme qui place les spectateurs dans un cinéma, un théâtre
s'abriter	se protéger, p. ex. de la pluie, du soleil, d'un danger (quand il pleut, je m'abrite sous un parapluie)
le hall [oːl]	ici: vaste entrée du cinéma
la vedette	artiste très connu, e
embêtant, e *fam*	ici: qui est gênant et n'est pas agréable
le cinéma permanent	cinéma où l'on passe plusieurs fois le programme sans interruption
la réduction	ici: réduction de prix; somme enlevée au prix normal d'un billet, d'un objet (dans les autobus, on fait une réduction aux élèves)

tant pis	c'est triste, mais c'est ainsi
la rangée	(les fauteuils du cinéma placés en ligne l'un à côté de l'autre forment une rangée)
le film policier	film avec policiers et gangsters
le film engagé	film qui critique la réalité politique ou sociale
l'entracte *m*	pause entre les différentes parties d'un spectacle
la publicité	la réclame
le dessin animé	film dont les images sont dessinées (Walt Disney a fait beaucoup de dessins animés)
la sécurité	le fait de ne pas être en danger
la sobriété	qualité d'une personne qui boit peu ou même pas du tout
le chocolat glacé	glace recouverte de chocolat
boire/prendre un pot *fam* [po]	boire qc au café
la séance	(la séance de cinéma a duré deux heures)
le court métrage	film qui ne dure pas longtemps
le documentaire	reportage filmé

2. Transformer ce texte en dialogue

Au théâtre

Un jeudi, Monsieur Georges Gros, homme d'affaires parisien, rentre à midi de son bureau.

a) Mme Gros lui dit qu'elle a l'intention de sortir avec son amie, Mme Neveu, qui vient de passer chez elle. Elle demande à son mari de les accompagner. M. Gros préfère sortir pendant le week-end plutôt qu'en semaine, cependant il ne refuse pas.

L'Opéra faisant relâche le jeudi, sa femme et Mme Neveu ont décidé d'aller à la Comédie-Française. M. Gros, qui veut bien faire plaisir à sa femme, aimerait quand même savoir ce que l'on joue ce soir-là. Il apprend que l'on joue une tragédie de Racine et une pièce en un acte de Courteline. Il n'est pas très enthousiaste. Sa femme, par contre, se réjouit d'aller voir une tragédie de Racine – elle adore les pièces classiques.

Elle téléphone au bureau de location de la Comédie-Française pour retenir des places. La caissière lui dit que c'est presque complet. Mme Gros lui de-

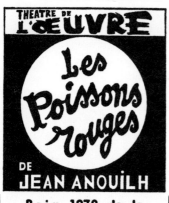

mande ce qu'elle a encore comme places et apprend qu'il ne reste plus que quelques fauteuils d'orchestre, des places de côté au premier ou au second balcon, ou bien des places à la galerie supérieure. Elle préfère rester chez elle plutôt que d'aller là-haut, au «poulailler». Elle refuse aussi des places de côté d'où l'on voit à peine la scène et prend donc trois fauteuils d'orchestre. La caissière la prie de venir retirer les billets à la caisse un quart d'heure avant la représentation.

b) *Le soir, M. et Mme Gros et Mme Neveu entrent à la Comédie-Française.* Une ouvreuse leur demande leurs billets, les invite à la suivre et leur indique leurs places. M. Gros la remercie *et lui donne un pourboire.*

C'est le premier entracte. Les deux femmes discutent de la pièce. Elles trouvent la mise en scène remarquable et le décor magnifique. Elles admirent l'actrice qui joue le rôle principal, mais son partenaire leur semble moins bon. Mme Gros demande à M. Gros son avis. Il répond seulement qu'il est content que les dames passent une bonne soirée. Sa femme lui dit qu'il a l'air fatigué.

A la fin de la tragédie, on assiste à la mort de l'héroïne. Pleine d'admiration pour le jeu de l'actrice, Mme Gros s'adresse à son mari et lui demande quelle est son impression. *Pas de réponse: M. Gros dort ...* Mme Gros le réveille et lui demande s'il n'a pas honte de s'endormir à la Comédie-Française. Puis elle se tourne vers son amie qui, elle, partage tout à fait son admiration.

un homme d'affaires	celui qui s'occupe de commerce et de finances
faire relâche	en parlant d'un théâtre: être fermé
la Comédie-Française	théâtre national où l'on joue le répertoire classique
Racine, Jean	auteur de tragédies (1639–1699)
Courteline, Georges	auteur comique (1861–1929)
enthousiaste	plein d'enthousiasme
par contre	au contraire
adorer	aimer avec passion
le bureau de location	bureau où l'on achète des billets et retient des places pour un spectacle
l'orchestre *m*	ici: partie d'une salle de spectacle située au rez-de-chaussée, près de la scène
la galerie supérieure	les places qui se trouvent tout en haut d'un théâtre et sont les moins chères
le poulailler [pulaje]	ici: la galerie supérieure
retirer les billets	venir les prendre à la caisse
la caisse	endroit d'un théâtre, d'un magasin où l'on paie
la représentation	spectacle donné au théâtre, au cinéma, etc.
le pourboire	petite somme d'argent que l'on donne à un employé pour le remercier de ses services
la mise en scène	organisation artistique d'une pièce de théâtre, d'un film ou d'un opéra; p. ex: place et jeu des acteurs
remarquable	qui mérite d'être remarqué pour sa qualité
le décor	l'ensemble des objets qui se trouvent sur la scène d'un théâtre pendant une représentation
un acteur, une actrice	personne qui joue dans une pièce de théâtre ou dans un film
le partenaire	personne qui joue dans la même pièce, le même film, etc.
l'héroïne *f* (*m* le héros)	personnage principal féminin d'une pièce de théâtre
avoir honte	avoir le sentiment de s'être mal conduit

---

3. Inventer des dialogues

a) A l'Opéra

Madeleine Leduc invite sa correspondante étrangère à l'Opéra.

l'opéra *m*; l'Opéra de Paris / de Berlin; l'ouverture *f*; l'air *m* d'opéra (morceau de musique écrit pour une seule voix accompagnée par l'orchestre); le duo; composer un opéra (écrire un opéra); le compositeur (celui qui écrit, compose de la musique); le programme; la première; la distribution (l'ensemble des personnes qui chantent un opéra); le chanteur d'opéra; la cantatrice (chanteuse d'opéra ou de chant classique); le soprano; le contralto (la plus grave des voix de femme); le ténor; le baryton; la basse; le chœur (groupe de chanteurs qui chantent ensemble); le ballet; le décor; applaudir qn; les applaudissements *m* être musicien, ne (aimer et comprendre la musique) ≠ ne rien comprendre à la musique; avoir une belle voix; chanter juste ≠ chanter faux

b) Aller au concert

Nicole Parmentier et Bernard Rizet, deux Parisiens, parlent de ce qu'ils vont faire le lendemain soir. Nicole aimerait aller au concert à la Salle Pleyel. Un pianiste célèbre y jouera un concerto de Chopin.

la musique ancienne / classique / romantique / moderne; la musique instrumentale / vocale; la musique de chambre (musique pour un petit nombre d'instruments); le morceau de musique; la symphonie; le concerto pour piano / pour violon; le récital de piano (concert donné par un pianiste seul); le musicien (personne dont le métier est de jouer de la musique); le / la soliste; le virtuose; le pianiste; le violoniste; le chef d'orchestre; les instruments à cordes (p. ex. les violons et les violoncelles) / à vent (p. ex. les clarinettes et les trompettes) / à percussion (instruments dont on joue en les frappant)
faire de la musique; jouer d'un instrument (p. ex. du piano / de la flûte); jouer du Bach [bak] / du Bartok; donner un concert; diriger un orchestre

c) Au music-hall

Un groupe de jeunes gens va à l'Olympia, le music-hall parisien le plus connu, pour écouter une vedette de la chanson.
la musique de variétés (musique légère); la musique yéyé *fam*; la chanson; les paroles / la musique d'une chanson; un air /une chanson à la mode; le chanteur / la chanteuse de variétés
s'accompagner à la guitare; avoir du succès; la salle est comble (la salle est pleine de monde)

LOCATION

OUVERTURE
UNE SEMAINE A L'AVANCE JOUR POUR JOUR

LE LUNDI A 11ʰ POUR LE LUNDI SUIVANT
LE MARDI A 11ʰ POUR LE MARDI SUIVANT
ET AINSI DE SUITE DIMANCHE COMPRIS

PRIX DES PLACES

Avant-Scène 1ᵉʳᵉˢ Loges	10ᶠ00	Premières Loges de côté	10ᶠ00
Avant-Scène 2ᵉᵐᵉˢ Loges	3ᶠ00	Deuxièmes Loges de face	15ᶠ00
Baignoires de face	10ᶠ00	Deuxièmes Loges découvertes	7ᶠ00
Baignoires de côté	7ᶠ00	Deuxièmes Loges de côté	5ᶠ00
Orchestres et Strapontins	20ᶠ00	Fauteuils de 3ᵉˢ Loges 1ᵉʳ rang de face	10ᶠ00
Balcon 1ᵉʳ rang	20ᶠ00	Faut. de 3ᵉˢ Loges { 1ᵉʳ rang de côté	5ᶠ00
Balcon 2ᵉ et 3ᵉ		{ 2ᵉ et 3ᵉ rang de face	5ᶠ00
rangs de face	20ᶠ00	Troisièmes Loges de face	5ᶠ00
Balcon 2ᵉ rang de côté	15ᶠ00	Troisièmes Loges de côté et Avant-scène	3ᶠ00
Premières Loges de face	15ᶠ00	Fauteuils de 4ᵉ Galerie de face	3ᶠ00

PLACES RÉSERVÉES AU PETIT BUREAU

(Rue Montpensier)

OUVERT POUR CHAQUE REPRÉSENTATION
30 MINUTES AVANT LE LEVER DU RIDEAU

Parterre et Strapontins	7ᶠ00
Troisième Galerie 1ᵉʳ rang de face	3ᶠ00
Troisième Galerie { 1ᵉʳ rang de côté	3ᶠ00
{ 2ᵉ rang face et côté	
Quatrième Galerie de côté	3ᶠ00
Amphithéâtre	3ᶠ00

4. Expressions et locutions

aller au cinéma / au théâtre / à l'Opéra

qu'est-ce qu'on joue ce soir / cette semaine ? qu'est-ce qu'il y a au programme ?

est-ce qu'il y a quelque chose d'intéressant au cinéma ?

le cinéma / le spectacle est permanent

passer un film / un court métrage

faire de la publicité / de la réclame

retenir / louer une place au théâtre / à l'Opéra

deux places, s'il vous plaît ; donnez-moi deux places à huit francs / trois fauteuils
   d'orchestre

retirer les billets un quart d'heure avant la représentation

le cinéma / le théâtre est complet

la Comédie-Française / l'Opéra fait relâche

le rideau se lève ≠ le rideau tombe

jouer / tenir le rôle principal

la scène se passe à Paris / en Espagne

applaudir un acteur / un chanteur / une vedette

X. Les sports

1. Etude d'un dialogue

Un champion de cent mètres

Personnages: Yves, lycéen de dix-sept ans;
Jocelyne, jeune fille avec qui il sort;
Monsieur Coste, professeur d'éducation physique au lycée où
Yves est élève.

La scène se passe au mois de mai dans un stade de Clermont-Ferrand. C'est le jour où les meilleurs sportifs des écoles sont venus participer aux championnats d'académie.

M. Coste *(va vers Yves qui est en train de parler avec Jocelyne)*: Le cent mètres est dans vingt minutes. Je crois que tu devrais commencer à t'échauffer un peu.

Yves: Oui, tout de suite. Je vous présente Jocelyne, une copine.

Jocelyne: Bonjour, Monsieur.

M. Coste: Bonjour, Mademoiselle. Vous êtes venue le voir gagner?

Yves: Il ne faut jamais parler de victoire avant la course.

M. Coste: Tu sais bien que tu es en grande forme en ce moment. Allez, va t'échauffer. Tu auras bien le temps de causer avec ta petite copine après.

Jocelyne: A tout à l'heure. Et bonne chance!

(Yves se met à courir lentement.)

Jocelyne *(à M. Coste)*: Vous croyez qu'il a une chance de gagner?

M. Coste: Certainement. Je ne crois pas qu'il y ait ici des garçons aussi forts que lui.

Jocelyne: Est-ce qu'il y a d'autres élèves du lycée qui participent à ces championnats?

M. Coste: Nous avons juste une équipe de quatre fois cent mètres et un élève qui fait du saut en hauteur. Il y a d'autres garçons qui sont assez forts, mais ils n'ont pas eu le temps de s'entraîner parce qu'ils ont trop de travail au lycée. Ils n'ont pas envie de redoubler leur classe.

Jocelyne: Et Yves? Croyez-vous qu'il passera dans la classe supérieure?

M. Coste: Je n'en suis pas sûr du tout. Les collègues disent que ses notes ont beaucoup baissé depuis quelque temps.

Jocelyne: Ce n'est pas étonnant. Il s'entraîne comme s'il voulait participer aux prochains Jeux Olympiques. Dans son club, ils l'obligent à faire des compétitions tous les week-ends. Il est tout le temps sur les stades.

M. Coste: Je crois qu'il s'entraîne trop. Il ne faudrait pas qu'il se surmène.

(Le moment de la course est venu. Yves a pris un bon départ et gagne.)

M. Coste *(va vers lui)*: Bravo! Je te félicite; te voilà champion d'académie! – Cette fois-ci, ton départ a été excellent.

(On annonce les temps: Yves a couru son cent mètres en onze secondes deux dixièmes.)

Jocelyne: Tu as déjà fait mieux cette année.

M. Coste: Il n'a pas battu son record, mais ce n'est pas mal quand même. *(Yves a remis son survêtement.)* Ecoute, j'ai quelque chose à te dire. *(Yves s'assied sur un banc avec Jocelyne et M. Coste.)* Je suis très content que tu sois champion d'académie, et je suis fier de toi. Pourtant, je crois qu'il vaudrait mieux que tu fasses moins de compétitions.

Yves: Moins de compétitions? Pourquoi?

M. Coste: Tu ne veux quand même pas quitter le lycée sans le bac? Tu sais bien que tes notes ont beaucoup baissé ces derniers mois. – Qu'est-ce que tu veux faire plus tard?

Yves: J'aimerais être professeur d'éducation physique.

M. Coste: Tu sais qu'il faut avoir le bac pour être professeur d'éducation physique?

Yves: Oui, je le sais.

M. Coste: Et il ne suffit pas d'être fort en athlétisme, il faut pratiquer un peu tous les sports.

Yves: Je suis assez fort en sports collectifs. Je suis dans l'équipe de hand-ball du lycée, et je ne joue pas trop mal au football et au basket.

Jocelyne: Oui, mais tu n'as pas fait beaucoup de gymnastique aux agrès.

M. Coste: – ni de natation!

Yves *(réfléchit un instant)*: C'est vrai. – Dites donc, vous n'auriez pas pu choisir un autre jour pour me dire tout ça?

Jocelyne: Je trouve que M. Coste a raison. Ecoute, tu pourrais faire du sport pour t'amuser; avec toutes tes compétitions, tu n'as plus le temps de rien faire.

YVES: Tu trouves qu'on ne sort pas assez?

M. COSTE *(s'adresse à un autre élève qui se trouve un peu plus loin)*: Eh, Jacques! Appelle les autres. Le quatre fois cent mètres est dans une demi-heure. *(A Jocelyne:)* Vous lui rappellerez de temps en temps cette petite conversation?

JOCELYNE: Vous pouvez compter sur moi.

M. COSTE: Tu ne m'en veux pas trop, Yves? Allez, je te paie un pot ce soir.

le champion	celui qui est le meilleur de son club, d'un pays, etc. dans une discipline, p. ex. le 100 m, la boxe
le lycéen	élève d'un lycée
physique	ce qui concerne le corps
l'éducation *f* physique	éducation par le mouvement, p. ex. le sport
le stade	grand terrain de sport
le sportif	personne qui fait du sport
participer à qc	prendre part à qc
le championnat	rencontre sportive officielle; celui qui gagne est champion de sa discipline
l'académie *f*	(une académie comprend toutes les écoles et l'université d'une région)
s'échauffer	(un coureur s'échauffe en courant lentement)
le copain, la copine *fam*	camarade de classe/de travail
la course	action de courir
l'équipe *f*	(il y a onze joueurs dans une équipe de football)
le saut	action de sauter
redoubler une classe	rester deux ans dans la même classe
baisser	les notes ont baissé: elles sont devenues plus mauvaises
la compétition	rencontre sportive organisée pour voir qui va gagner
se surmener	se fatiguer en s'entraînant trop ou en travaillant trop
prendre un bon départ	bien partir
féliciter qn	faire savoir à qn qu'on est content de ce qui lui arrive ou de ce qu'il a fait
le survêtement	vêtement de sport chaud se composant d'une veste et d'un pantalon
le bac *fam* [bak]	le baccalauréat; examen de fin d'études au lycée
l'athlétisme *m*	le sport où l'on court, saute et lance
pratiquer un sport	il pratique le football: il fait régulièrement du football
les sports collectifs	sports pratiqués en équipe

le basket *fam* [baskɛt]	le basket-ball·
les agrès *m* [agrɛ]	appareils comme p. ex. le cheval employés pour divers exercices de gymnastique
la natation	action de nager
payer un pot à qn *fam*	payer à boire à qn au café

---

2. Transformer ce texte en dialogue

Il faut faire du sport

Monsieur Mallet, professeur de français dans un lycée de Grenoble, a demandé à Madame Grandval, la mère d'une de ses élèves, de venir le voir.

a) M. Mallet fait entrer Mme Grandval au parloir. Il lui explique la raison de ce rendez-vous: une baisse régulière des notes de Catherine depuis quelque temps. Mme Grandval ne peut lui donner aucune explication à ce sujet: sa fille travaille beaucoup pour le lycée, elle ne sort jamais. M. Mallet trouve que Catherine a bien mauvaise mine: elle est peut-être surmenée. Mme Grandval, étonnée, demande conseil au professeur. Celui-ci répond que Catherine devrait travailler moins pour le lycée et faire un peu de sport pour se détendre. Il recommande du ski en hiver, et de la natation en été – puisqu'il apprend que Catherine sait nager. Il propose ces deux sports, car il les pratique lui-même. Pour Mme Grandval, les cours d'éducation physique du lycée devraient suffire, mais M. Mallet n'est pas de cet avis.

b) *Les élèves sortent des classes; c'est la récréation. M. Mallet va chercher Catherine, jeune fille de quatorze ans.*

Il lui explique en quelques mots ce qu'il vient de dire à sa mère. Catherine est d'accord, mais elle préférerait le «volley» au ski et à la natation. M. Mallet lui conseille d'aller à l'entraînement du jeudi au lycée. Quand Mme Grandval entend parler d'entraînement, elle craint que ce ne soit encore plus fatigant que le travail scolaire. Mais M. Mallet la rassure: sa fille jouerait au volley-ball pour s'amuser, et non pas pour être dans l'équipe du lycée. Catherine ne s'intéresse pas aux compétitions. Elle pense au survêtement dont elle a envie depuis longtemps.

84

Sa mère veut bien lui en acheter un, mais elle se demande vraiment si le sport va améliorer les notes de sa fille. M. Mallet est optimiste. Il propose à Mme Grandval un autre rendez-vous à la fin du trimestre. Celle-ci accepte, le remercie et quitte le parloir avec sa fille.

le parloir	salle où l'on reçoit les visiteurs dans une école
le rendez-vous	heure à laquelle une personne doit rencontrer une autre personne
la baisse	le fait de baisser
avoir mauvaise mine	avoir l'air fatigué, malade
se détendre	se reposer de son travail en ne faisant rien ou en faisant autre chose, p. ex. du sport
recommander qc à qn	dire à qn qu'une chose est bonne ou utile
la récréation	temps libre entre les cours.
le volley *fam* [vɔlɛ]	le volley-ball
l'entraînement *m*	action de s'entraîner à un sport
scolaire	du subst. l'école
améliorer	rendre meilleur
le trimestre	3 mois (une année scolaire se compose de trois trimestres)

---

3. Inventer des dialogues

a) Un mauvais bulletin scolaire

M. et Mme Tessier reçoivent le bulletin de leur fils: il devra redoubler sa classe. Son père pense qu'il n'a pas assez travaillé parce qu'il a fait trop de sport (sports collectifs et athlétisme). Il parle de lui interdire tout cela. Mme Tessier n'est pas sûre que ce soit une bonne chose.

le bulletin (feuille sur laquelle sont inscrites les notes d'un élève);
faire du saut en longueur / du lancer de poids (le poids ici: masse métallique ronde que lancent les athlètes) / du lancer de disque; faire du football

b) Où aller cet après-midi? A la piscine ou au stade?

Conversation entre des garçons dont vous indiquerez le nombre, l'âge et le nom. L'un d'eux ne sait pas nager.

la piscine (endroit fait spécialement pour se baigner); se baigner (prendre un bain); le maillot de bain; le bassin (endroit de la piscine où l'on se baigne); le grand / le petit bassin; plonger; le plongeoir (planche d'où l'on saute ou plonge dans l'eau)

apprendre à nager; avoir pied; s'amuser dans l'eau; jouer au ballon; nager sous l'eau; faire un cinquante mètres; prendre un bain de soleil; attraper un coup de soleil (devenir tout rouge après être resté trop longtemps au soleil)

4. Expressions et locutions

faire du sport; pratiquer un sport; être sportif
faire de l'athlétisme (faire de la course / du saut / du lancer) / du volley-
  ball / du ski / de la natation / de la gymnastique aux agrès
savoir nager / skier / jouer au volley-ball
aller à la piscine / au stade
jouer au football / au hand-ball / au basket-ball
être dans une équipe de 4×100 mètres («quatre fois cent mètres»)
faire un match de football
notre équipe a gagné 1:0 / a perdu 1:0 («un à zéro»)
être fort en athlétisme / en natation / en sports collectifs
s'entraîner au 100 mètres / au saut en longueur / au volley-ball
faire de la compétition
participer à un championnat
être champion d'académie / de France du 100 mètres
prendre le départ; prendre un bon départ
courir un 100 mètres en 11,2 secondes / en 11,2 («onze deux»)
battre un record; établir un nouveau record

XI. | Week-end et vacances

1. Etude d'un dialogue

Que faire le dimanche?

Personnages: MONSIEUR et MADAME VIVIER;
              LEURS ENFANTS: VALÉRIE, âgée de douze ans, GÉRARD, âgé de
              dix ans.

La scène se passe un samedi vers six heures du soir chez les Vivier qui habitent à Saint-Denis, dans la banlieue nord de Paris.

VALÉRIE: Dis, papa, tu nous avais promis de nous emmener dans la forêt de Fontainebleau. Il fait beau, on pourrait y aller demain.

GÉRARD: Oh oui! On pourrait grimper dans les rochers.

M. VIVIER: Hm – je ne sais pas si ...

VALÉRIE: Et puis, on pourrait peut-être cueillir des champignons. – Papa, je suis sûre qu'il y aura encore du soleil demain.

MME VIVIER: Oui, la météo dit que le temps restera stable.

M. VIVIER: La météo, la météo! Il ne faut pas trop s'y fier. Quand elle prévoit du soleil, vous pouvez être sûrs qu'il fera mauvais.

MME VIVIER: Tu exagères un peu.

M. VIVIER: Je me rappelle très bien le dimanche où nous avions voulu aller en Normandie. La veille, la météo avait annoncé un temps splendide. Et le dimanche, il a plu toute la journée, et il a fait un froid de canard.

MME VIVIER: J'ai bien l'impression que tu n'as pas du tout envie de sortir demain. – Tiens, tiens! – qu'est-ce qu'il y a de si intéressant à la télévision?

VALÉRIE: Il y a peut-être un match de football.

M. VIVIER: Non, il ne s'agit pas de ça. Ce qui m'ennuie, c'est que j'ai complètement oublié de m'occuper de la voiture. Je ne peux plus rouler sur l'autoroute avec mes vieux pneus.

MME VIVIER: Tu n'auras qu'à rouler lentement. Tu sais, le dimanche, on ne peut pas rouler très vite sur l'Autoroute du Sud.

M. Vivier: Raison de plus pour ne pas aller à Fontainebleau. Je ne connais rien de pire que la rentrée du dimanche. – Mais il n'y a pas que les pneus. Il faut que je fasse faire la vidange. En plus de ça, je n'ai presque plus d'essence, et puis tu sais bien que j'ai du mal à démarrer. Je vais certainement rester en panne quelque part.

Mme Vivier: Il y a une semaine que tu me le dis. La voiture tiendra bien encore jusqu'à demain soir. – Ecoute. Si tu n'as pas envie d'aller au garage, j'y vais. Je ferai faire la vidange et le plein, et je leur demanderai s'ils peuvent faire la réparation lundi.

Gérard: Allez, papa! Il y a longtemps qu'on n'a pas été en forêt.

Valérie: On n'a pas encore pique-niqué une seule fois cette année. Maman, tu veux bien qu'on pique-nique?

M. Vivier: C'est très amusant, les pique-niques dans la forêt de Fontainebleau. Il y aura des Parisiens partout.

Mme Vivier: On trouvera quand même bien un petit coin tranquille.

M. Vivier: Un coin tranquille – tu parles! Il y aura plus de Parisiens que d'arbres. Dès qu'il y a un rayon de soleil, ils vont tous à la campagne.

Mme Vivier: Tu voudrais peut-être qu'ils restent tous enfermés le dimanche?
(M. Vivier ne dit rien.)
Regarde les gosses. Valérie et Gérard ont besoin de prendre l'air.
(Toujours pas de réponse.)
Dis donc, j'ai l'impression que ta femme et tes enfants t'intéressent de moins en moins!

Valerie: Pourquoi est-ce que tu ne veux pas sortir, papa?

Gérard: Tu ne veux jamais rien faire.

M. Vivier: Eh bien – écoutez. Puisque vous le voulez absolument: on ira à Fontainebleau dimanche prochain, c'est promis.
(Mme Vivier et les enfants se regardent, étonnés.)

Mme Vivier: Et tu espères qu'il pleuvra dimanche prochain, n'est-ce pas?

âgé, e de 12 ans	qui a 12 ans
la banlieue	petites villes se trouvant autour d'une grande ville et formant avec celle-ci un ensemble
Fontainebleau	ville à 60 km au sud de Paris

grimper	monter sur un arbre, une maison, etc. en se servant des mains et des pieds
le rocher	très grosse pierre
cueillir des champignons	ramasser des champignons
la météo	la météorologie
stable	qui ne change pas
se fier à qc	mettre sa confiance en qc
exagérer qc	présenter une chose comme plus importante qu'elle n'est
splendide	très beau
il fait un froid de canard *fam*	il fait très froid
tiens, tiens! *fam*	du v. tenir; se dit quand on est un peu surpris
ennuyer qn	ici: gêner et déranger qn
l'autoroute *f*	grande route moderne où les deux directions sont séparées
le pneu [pnø]	enveloppe de caoutchouc entourant les roues d'une voiture, d'une bicyclette, etc.
la rentrée	action de rentrer
faire la vidange	changer l'huile d'une voiture
démarrer	mettre la voiture en marche
rester en panne	la voiture est restée en panne: elle ne peut plus repartir
le garage	ici: endroit où l'on répare des voitures
faire le plein	remplir d'essence le réservoir d'une voiture
on n'a pas été en forêt *fam*	nous ne sommes pas allés en forêt
pique-niquer	prendre un repas froid en plein air, sur l'herbe
le/la gosse *fam*	enfant (garçon ou fille)
prendre l'air	aller se promener, sortir de chez soi pour respirer un peu d'air pur

---

2. Terminer ce dialogue

Méditerranée ou Massif Central ?

Personnages: MONSIEUR et MADAME GRASSET, jeune couple habitant Lille; UN PAYSAN.

La scène se passe le premier août dans un village du Massif Central au sud de St-Flour. En allant en vacances dans le Midi, les Grasset ont eu un accident de voiture. La répara-

tion ne sera terminée que le lendemain. – Ils sont entrés en conversation avec un paysan du village à qui ils ont raconté leur accident.

M. Grasset: Nous avions l'intention de camper à Sète pendant tout le mois d'août. Mais je me demande si nous aurons encore assez d'argent quand nous aurons payé la réparation.

Le paysan: Il y a encore un bon bout de chemin jusqu'à Sète.

Mme Grasset: J'ai peur rien qu'à l'idée de remonter en voiture.

M. Grasset: Mais non. Tu oublieras vite l'accident.

Le paysan: Il y a beaucoup de monde sur les routes.

M. Grasset: Oui, c'est le grand départ en vacances. – Savez-vous où nous pourrions camper cette nuit?

Le paysan: Vous pouvez vous intaller dans un de mes prés. Vous aurez une belle vue sur le lac.

Mme Grasset: Vous êtes vraiment trop gentil, Monsieur.

Le paysan: Connaissez-vous les lacs de la Truyère?

M. Grasset: Nous en avons juste vu un en passant. Vous habitez un beau pays.

Le paysan: Vous ne voulez pas rester une semaine par ici?

Mme Grasset: Oh! ce serait une bonne idée, Christian.

M. Grasset: Je ne sais pas ...

Le paysan: Je suis même sûr qu'au bout d'une semaine, vous ne voudriez plus partir du tout.

Pourra-t-il, avec l'aide de Mme Grasset, convaincre M. Grasset de rester dans le Massif Central – région où l'on veut développer le tourisme – plutôt que d'aller sur la côte?

Ce dont pourrait parler M. Grasset: le climat du Massif Central (froid, pluie); la mer (la plage de sable et les bains); les distractions (restaurants, cinémas, bars de Sète); la pêche dans les lacs? les prix dans le village

Ce dont pourraient parler le paysan ou Mme Grasset: le beau temps de l'année dernière; le lac (son eau est chaude; on peut s'y baigner); la beauté de la région (montagnes, lacs, rochers et forêts); le calme de la région; les cueillettes dans le Massif Central (champignons et framboises); les poissons des lacs; les prix dans le village comparés aux prix de la côte (fruits, repas au restaurant, vin); les pique-niques

UNION NAUTIQUE
- DE LA CIOTAT -

Nouveaux Ports de Plaisance - 13 LA CIOTAT

~~~~~ ✆ 08.50.28 ~~~~~

le calme d'une baie exceptionnelle

l'accueil du midi

ses écoles de :

plongée

chasse sous-marine

yachting lourd et léger

ski nautique

et tous les autres sports nautiques :

motonautisme, natation,

pêche en mer ...

le couple	un homme et une femme
St-Flour [sɛ̃flur]	ville d'Auvergne, au sud de Clermond-Ferrand
camper	faire du camping
Sète	ville de la côte méditerranéenne
le pré	petite prairie
la Truyère [trɥijɛr]	rivière d'Auvergne qui forme plusieurs lacs
par ici	dans cette région
la plage	endroit plat et bas au bord de l'eau et souvent couvert de sable
les distractions *f*	ce qui amuse et fait passer agréablement le temps
la pêche	action de prendre des poissons
se baigner	prendre un bain
la cueillette	a) action de cueillir
	b) ce qui a été cueilli (champignons, fruits, fleurs)
la framboise	petit fruit rouge qui pousse sur des branches piquantes

---

3. Inventer des dialogues

a) Faire de l'auto-stop

Deux jeunes gens veulent aller sur la Côte d'Azur en auto-stop. Près de Lyon, une voiture s'arrête. Le conducteur, un Parisien, les emmènera jusqu'à St-Raphaël. – Ils parlent avec lui des vacances sur la Côte d'Azur. Les trois personnes connaissent déjà cette région.

l'auto-stoppeur, l'auto-stoppeuse
allez-vous en direction de ...? pourriez-vous me prendre / m'emmener jusqu'à ...? mettre les bagages dans le coffre (le coffre: partie d'une voiture dans laquelle on met les valises, les sacs, etc.)

b) A la station-service

la station-service (poste à essence avec un atelier pour certains travaux rapides et, souvent, un petit magasin); le pompiste (personne qui sert les automobilistes dans une station-service); l'essence *f* ordinaire, *fam:* l'ordinaire *f*; le Super [sypɛr]; l'huile *f*; la carte routière
pourriez-vous mettre un demi-litre d'huile? pourriez-vous vérifier la pression des pneus, s'il vous plaît? (vérifier la pression des pneus: regarder si les pneus

sont suffisamment remplis d'air) – combien en mettez-vous? – 1,6 [ɛ̃sis]
partout / 1,4 à l'avant, 1,6 à l'arrière; nettoyer les vitres (les glaces)

4. Expressions et locutions

aller / partir en vacances
sortir le dimanche / quand il fait beau
aller en Italie / en Bretagne / sur la Côte d'Azur / dans le Midi / à Munich /
  à Paris
venir d'Italie / de Bretagne / de la côte / du Midi / de Paris
faire de l'auto-stop
faire un voyage / une promenade / une promenade à pied / en voiture
camper sur la côte / au bord d'un lac; faire du camping
visiter une région / une ville / un château

LE SAVIEZ-VOUS?
LES FRANÇAIS EN VACANCES
■ 1. 50 millions de Français! Combien d'entre nous sont-
ils partis en vacances l'année dernière?
Les trois quarts? La moitié? Le tiers?
■ 2. Et combien d'entre nous achètent-ils de devises pour
aller en vacances à l'étranger?
5 %? 8 %? 15 %? 22 %?
■ 3. Quand trouvez-vous la foule en vacances?
1-31 juillet? 15 juillet-15 août? 1er août-31 août?
■ 4. Où logent les vacanciers?
Surtout dans une maison (leur propriété ou louée)?
Pour moitié à l'hôtel, dans un club ou en campant?
RÉPONSES
■ 1. Un peu moins de la moitié : 48 % suivant les statistiques officielles.
■ 2. 15 %.
■ 3. Du 15 juillet au 15 août, plus du tiers des vacanciers sont en vacances; un peu moins du quart s'en va entre le 15 juin et le 15 juillet.
■ 4. 70 % utilisent leur maison ou en louent une. 11,7 % vont à l'hôtel; le reste, 13,8 %, campent.

avoir une belle vue sur ...

grimper dans les rochers

trouver un coin tranquille

quel temps fait-il? – il fait beau; il fait un temps splendide ≠ il fait mauvais /
  un temps affreux / un temps de chien *fam*

  il fait doux ≠ il fait frais; il fait chaud ≠ il fait froid

  il fait un froid de canard *fam*; il fait lourd; il fait du soleil / du vent / du
  brouillard

la météo prévoit du soleil / un temps stable

faire le plein; faire le plein en ordinaire / en Super; le plein en ordinaire / en
  Super, s'il vous plaît!

je voudrais pour dix francs de Super, s'il vous plaît

faire la vidange

vérifier l'huile / la batterie / la pression des pneus

tomber / être / rester en panne

j'ai du mal à démarrer

<table>
<tr><td>

XII.   Chez le médecin

</td><td>

DOCTEUR
THÉRÈSE LANGLOIS-DUPUIS

CONSULTATIONS SUR RENDEZ-VOUS

LUNDI-MERCREDI-JEUDI   18H   A 19H30
MARDI-JEUDI-SAMEDI   13H30 A 15H

11E ÉTAGE   TÉL. 71 91 07
INTERPHONE DANS LE HALL   70 25 34

</td></tr>
</table>

1. Etude d'un dialogue

Martine ne mange plus

Personnages: MADAME BONNEAU;
              SA FILLE MARTINE, âgée de seize ans;
              LEUR MÉDECIN de famille;
              SON ASSISTANTE.

La scène se passe chez le médecin. Mme Bonneau vient de sonner, l'assistante ouvre la porte.

MME BONNEAU: Bonjour, Mademoiselle. Je voudrais voir le docteur, c'est pour ma fille. Je n'ai pas de rendez-vous – est-ce que le docteur pourrait nous prendre quand même?

L'ASSISTANTE: En principe, les consultations sont sur rendez-vous, mais il y a une cliente qui n'est pas venue. Je vais voir si je peux vous faire passer à sa place. – Votre nom, Mademoiselle?

MME BONNEAU: Bonneau; Martine Bonneau.

L'ASSISTANTE *(disparaît, puis revient quelques instants plus tard)*: Le docteur sera à vous dans un moment. Veuillez entrer dans la salle d'attente, s'il vous plaît. *(Un quart d'heure plus tard, l'assistante revient.)* Mademoiselle Bonneau, c'est à vous.

(Martine et sa mère entrent dans le cabinet de consultation.)

MME BONNEAU: Bonjour, Docteur.

LE DOCTEUR: Bonjour, Madame; bonjour, Mademoiselle. Asseyez-vous, je vous prie. – Eh bien, c'est à quel sujet?

MME BONNEAU: Voilà, Docteur – ma fille ne mange plus. Rien du tout le matin, à midi et le soir presque rien. Je n'arrête pas de lui dire de manger, mais elle ne m'écoute pas.

LE DOCTEUR: Evidemment, c'est ennuyeux. – Quel âge avez-vous, Mademoiselle?

MARTINE: J'ai seize ans.

LE DOCTEUR: De combien avez-vous maigri?

MME BONNEAU: De cinq kilos en trois mois, Docteur.

LE DOCTEUR: Est-ce que vous avez mal quelque part?

MME BONNEAU: Elle se plaint souvent d'avoir mal à la tête.

MARTINE: Mais laisse-moi répondre, maman! – Oui, quelquefois, j'ai mal à la tête.

MME BONNEAU: Vous voyez, Docteur, sur quel ton elle me parle. Comment voulez-vous que j'arrive à la faire manger!

LE DOCTEUR: Hm ... *(A Martine:)* Avez-vous des vertiges, Mademoiselle?

MARTINE: Ça m'arrive. L'autre jour, je me suis trouvée mal au lycée, alors le professeur m'a envoyée à l'infirmerie.

LE DOCTEUR: Vous n'avez mal nulle part ailleurs?

MARTINE: Quelquefois, j'ai mal à l'estomac.

LE DOCTEUR: Bien. – Alors, je vais vous examiner. Venez d'abord par ici, s'il vous plaît. *(Il pèse Martine et la mesure.)* En effet, vous pourriez peser un peu plus. – Donnez-moi votre bras. *(Il prend sa tension.)* Tension un peu faible. *(Il lui tâte le pouls. Puis, après l'avoir auscultée:)* Votre cœur est bon, Mademoiselle.

MME BONNEAU: Vous me rassurez, Docteur.

LE DOCTEUR *(à Mme Bonneau):* Vous êtes à la Sécurité Sociale, n'est-ce pas?

MME BONNEAU: Oui, Docteur.

LE DOCTEUR *(écrit, puis donne deux feuilles à Martine):* Voilà, Mademoiselle, votre feuille de maladie et une ordonnance. Vous prendrez une ampoule d'Ascorbamine matin et soir.

MARTINE: Oui, Docteur.

LE DOCTEUR: Je vous ai fait une autre ordonnance. Elle n'est pas pour la pharmacie, mais je veux absolument que vous en teniez compte! *(Il lui donne une troisième feuille.)*

MARTINE *(lit):* « Deux tartines de beurre tous les matins. » – Ah bon ...

MME BONNEAU *(à Martine):* Tu vois bien ce que je te disais!

LE DOCTEUR *(à Martine):* N'attendez surtout pas que votre mère vous le dise. Je compte sur vous.

MARTINE: Je ferai de mon mieux.

MME BONNEAU: Combien est-ce que je vous dois, Docteur?

LE DOCTEUR: C'est dix-sept francs. *(Mme Bonneau lui donne l'argent.)* Merci,

Madame. – Revenez dans un mois, Mademoiselle. Vous pouvez venir seule, vous savez, ce n'est pas la peine que votre mère se dérange.

MARTINE *(se lève)*: C'est ce que je lui ai déjà dit aujourd'hui, mais elle ne me laisse jamais rien faire toute seule. – Au revoir, Docteur.

LE DOCTEUR: Au revoir, Mademoiselle. – Au revoir, Madame.

MME BONNEAU: Au revoir, Docteur.

le rendez-vous	ici: heure à laquelle une personne sera reçue par le médecin
la consultation	ici: le fait de recevoir et d'examiner des malades (les consultations du docteur ont lieu de 14 h à 17 h)
la salle d'attente	salle où les clients attendent
le cabinet de consultation	pièce où un médecin reçoit et examine ses clients
je n'arrête pas de lui dire	je lui dis toujours
ennuyeux, se	ici: qui est gênant et n'est pas agréable
les vertiges *m*	impression de voir tourner les choses autour de soi
l'autre jour	il y a quelques jours
se trouver mal	se sentir très faible pendant un moment
l'infirmerie *f*	endroit dans une école ou une caserne où l'on reçoit et soigne les malades
l'estomac *m* [ɛstɔma]	organe où passe tout ce que l'on mange et boit
la tension	ici: tension artérielle; la force avec laquelle le sang presse les artères
tâter qc	toucher du bout des doigts pour bien sentir
le pouls [pu]	rythme des artères que le sang fait battre au même rythme que le cœur (quand on a couru, on a un pouls rapide)
ausculter qn	examiner qn en écoutant le cœur et la respiration
la Sécurité Sociale	organisation de l'Etat français, qui, entre autres choses, redonne aux salariés – p. ex. aux ouvriers et employés – une grande partie de l'argent qu'ils ont donné au médecin, au dentiste ou au pharmacien
la feuille de maladie	feuille que l'on envoie à la Sécurité Sociale. Le médecin, le dentiste et le pharmacien y indiquent ce que le client a payé
l'ordonnance *f*	feuille sur laquelle le médecin note quels médicaments le malade doit prendre et comment il doit les prendre
l'ampoule *f*	sorte de petite bouteille de verre étroite et fermée contenant un médicament

la pharmacie	magasin où l'on prépare et vend les médicaments
la tartine de beurre	tranche de pain avec du beurre
faire de son mieux	faire tout ce que l'on peut
ce n'est pas la peine que + subj.	il n'est pas nécessaire que
se déranger	quitter sa place, ses occupations

CAISSE PRIMAIRE D'ASSURANCE MALADIE DE ROUEN

Tél. 71.02.51 - 71.94.71   48 bis, rue Stanislas Girardin   Boîte Postale 901

FEUILLE DE MALADIE
VALABLE 15 JOURS

Cette feuille remplie et signée par l'Assuré sous sa responsabilité comporte les soins et le repos pendant 15 jours et doit être envoyée au Centre de Sécurité Sociale à partir du 16e jour.

━━ RENSEIGNEMENTS CONCERNANT L'ASSURÉ ━━

N° d'Immatriculation exact copié sur la carte de l'Assuré : 1 | 36 | 06 | 99 | 109 | 521

Centre de Sécurité Sociale : *Rouen*

NOM *BECQUET*

Pour les femmes mariées ou veuves, indiquez le nom de jeune fille suivi de femme X ou veuve X

PRÉNOMS : *Jean-Marc*   PROFESSION : *Instituteur*

ADRESSE : *5 Parc de l'Iton*
76 - MONT-SAINT-AIGNAN

TRAVAILLEZ-VOUS ACTUELLEMENT ?   OUI ☒   NON ☐ (1)

Si NON indiquez votre dernière période de travail : du............... au...............

DANS TOUS LES CAS, donnez le NOM et l'ADRESSE de l'EMPLOYEUR : ......
Rectorat, Bd. des Belges, 76 - ROUEN   .

ÊTES-VOUS PENSIONNÉ DE GUERRE ?   OUI ☐   NON ☒ (1)

Si les soins sont en rapport avec l'affection pour laquelle vous êtes pensionné utilisez votre Carnet de Soins.

NOMBRE D'ENFANTS A CHARGE ___   AVEZ-VOUS DES ASCENDANTS A CHARGE ___

━━ RENSEIGNEMENTS CONCERNANT LE MALADE ━━

IL S'AGIT de l'ASSURÉ ☒ (1)   du CONJOINT ☐ (1)   d'un ENFANT ☐ (1)

d'un Autre AYANT-DROIT ☐ (1)   Degré de Parenté : ....

NOM et PRÉNOMS du MALADE : ....

Date de Naissance : ....   Profession : ....

S'AGIT-IL D'UN ACCIDENT ?   OUI ☐   NON ☒

A-T-IL ÉTÉ CAUSÉ PAR UN TIERS ?   OUI ☐   NON ☐

2. Transformer ce texte en dialogue

Monsieur Jeannot mange trop

a) M. Jeannot téléphone au cabinet du docteur Clavel pour savoir à quelle heure sont les consultations. L'assistante lui répond que le docteur reçoit les clients l'après-midi, mais seulement sur rendez-vous. M. Jeannot demande un rendez-vous. L'assistante lui propose le mercredi de la semaine suivante, à dix-sept heures. Il accepte.

b) *Le mercredi, M. Jeannot reste quelques minutes dans la salle d'attente*, puis entre dans le cabinet de consultation. Le docteur lui serre la main, le prie de s'asseoir, et lui demande la raison de ce rendez-vous. M. Jeannot se plaint de fatigue, vertiges et maux de tête. Le docteur lui demande s'il y a autre chose et apprend que son client est tout de suite essoufflé en montant l'escalier, qu'il lui est également arrivé de se trouver mal pendant une discussion peu agréable avec son chef. M. Jeannot demande au docteur de lui faire une ordonnance.

Interrogé par le docteur, il indique son âge, sa taille et son poids : quarante-cinq ans, un mètre soixante-neuf et quatre-vingt-trois kilos. – Pour pouvoir être examiné, M. Jeannot doit se déshabiller jusqu'à la ceinture. *Après l'avoir ausculté et lui avoir tâté le pouls*, le docteur prend sa tension.

M. Jeannot voudrait connaître l'avis du docteur. Celui-ci lui dit qu'il n'est pas en bonne santé : pouls trop rapide, tension trop forte, poids bien trop élevé, asthme. Il doit avouer au docteur qu'il aime bien un bon repas de temps en temps, qu'il prend régulièrement l'apéritif avant de manger et fume un paquet de cigarettes par jour. Le docteur s'intéresse à sa profession et ses autres activités : M. Jeannot est employé de bureau et aime bricoler après son travail. Il a une voiture.

c) Le docteur lui ordonne un médicament pour le cœur et lui demande de suivre un régime strict : il doit manger sans sel, renoncer complètement au café, aux apéritifs et au tabac ... M. Jeannot proteste faiblement, mais le docteur n'a pas encore fini : il recommande à son client des repas plus légers avec moins de pain, de la marche à pied et un peu de gymnastique tous les jours.

M. Jeannot ne croit pas pouvoir vivre comme cela. Pour le docteur, c'est au contraire le seul moyen de retrouver la santé. Son client risque de graves accidents dans les années à venir s'il ne tient pas compte de ces conseils. M. Jeannot promet alors de faire de son mieux. – Il paie après que le docteur lui a remis l'ordonnance et la feuille de maladie, puis il quitte le cabinet de consultation.

être essoufflé, e	respirer difficilement, p. ex. quand on a marché vite, monté un escalier etc.
l'activité f	ce que l'on fait
bricoler	faire chez soi de petits travaux, des réparations p. ex.
recommander qc à qn	dire à qn qu'une chose est bonne ou utile

---

3. Inventer des dialogues

a) Une grippe

Une jeune étrangère est en visite chez sa correspondante française. Un jour, elle a mal à la gorge et à la tête; elle a aussi un peu de fièvre. La mère de sa correspondante l'accompagne chez un médecin qui constate qu'elle a la grippe.

la fièvre; tousser (subst. la toux [tu]); le rhume (légère maladie qui fait couler le nez); l'Aspirine vitaminée; la vitamine C; le cachet d'Aspirine (quand on a mal à la tête, on prend un ou deux cachets d'Aspirine); le sirop [siro] (médicament contre la toux vendu en bouteilles); les pastilles f (médicament contre le mal de gorge que l'on doit garder longtemps dans la bouche)
avoir mal à la gorge; avoir mal partout; être enrhumé (avoir un rhume); garder le lit; rester couché; j'espère que vous serez bientôt guéri, e (être guéri: ne plus être malade)

b) Un accident de ski

Un garçon fait du ski à La Plagne, dans les Alpes françaises. Un jour, il tombe. On l'amène chez le médecin. Celui-ci constate une fracture de la jambe.

une fracture de la jambe (une jambe cassée); la chute; la jambe enflée (enfler: devenir plus gros); l'os m; le plâtre (quand quelqu'un s'est cassé la jambe, le médecin lui met un plâtre pour rendre la jambe immobile); boiter (marcher de manière inégale) tomber en avant / sur le côté; avoir la jambe cassée; mettre un plâtre ≠ enlever un plâtre; avoir une jambe dans le plâtre; avoir du mal à marcher

4. Expressions et locutions

aller chez le médecin
quelles sont les heures de consultation du docteur?
les consultations sont sur rendez-vous; le docteur ne reçoit que sur rendez-vous
avoir un rendez-vous chez le docteur; est-ce que je pourrais avoir un rendez-vous pour mercredi? quand est-ce que le docteur pourrait me recevoir?
bonjour, Docteur; au revoir, Docteur
(ne pas) être en bonne santé
grossir / maigrir de 5 kilos
avoir de la fièvre / de la température; avoir 39 de fièvre
tomber malade; mon père est tombé malade
le docteur examine le malade
prendre la température / la tension de qn
avoir trop de tension ≠ ne pas avoir assez de tension
tâter le pouls à qn
où avez-vous mal? – j'ai mal à la tête / à l'estomac / aux dents
ma jambe me fait mal; ma jambe me fait très / horriblement mal; je me suis fait mal à la jambe
avoir de l'asthme / des vertiges
se trouver mal
le docteur ordonne un médicament / un régime strict à qn; le docteur fait une ordonnance à qn
être à la Sécurité Sociale
aller à la pharmacie
prendre un médicament / une ampoule matin et soir
suivre un régime
je vous souhaite une meilleure santé; meilleure santé!

EXPRESSIONS GENERALES

when you meet someone

quand on rencontre qn

bonjour, Monsieur / Madame / Mademoiselle / Messieurs / Mesdames / Mesdemoiselles / Messieurs Dames

(entre amis:) bonjour

(entre copains:) salut *fam*

comment allez-vous? vous allez bien?
– très bien, merci, et vous-même?

comment vas-tu? tu vas bien? – très bien, merci, et toi?

fam: comment ça va? ça va? ça va bien? – ça va, merci, et toi?

(il s'agit de la famille de la personne à qui l'on parle:) comment va Madame Dupont? comment va Monsieur Dupont? comment vont les enfants?

(on rencontre qn que l'on connaît:) je suis content / très content de vous voir / revoir

bonjour, Monsieur / Madame / etc, excusez-moi de vous déranger

when you leave someone

quand on quitte qn

au revoir, Monsieur / Madame / etc.

(entre amis:) au revoir

(entre copains:) salut *fam*

au revoir, à samedi / à bientôt / à ce soir / à demain / à tout à l'heure

(il s'agit de la famille de la personne à qui l'on parle:) donnez le bonjour de ma part à Madame / Monsieur Dupont

excusez-moi, il faut que je parte / que je vous quitte / que je me dépêche

fam: il faut que je me sauve

when you ask someone something

quand on demande qc

pardon, Monsieur / Madame / etc., pourriez-vous me dire où se trouve la poste?

excusez-moi, je voudrais savoir à quelle heure commence le spectacle / j'aimerais savoir à quelle heure commence le spectacle

je voudrais un kilo de sucre, s'il vous plaît

(on ne sait pas exactement ce que l'on veut:) il me faudrait quelque chose contre la grippe

auriez-vous cinq centimes, s'il vous plaît?

est-ce que je pourrais venir demain?

(on voudrait prendre qc :) vous permettez que je prenne cette chaise? – je vous en
prie; vous permettez? – je vous en prie

When you ask someone
to do something

quand on prie qn de faire qc

entrez, s'il vous plaît
entrez, je vous prie
pourriez-vous revenir demain, s'il vous plaît?
veuillez entrer / monter / payer à la caisse
si vous voulez bien entrer / monter / payer à la caisse

When you thank someone

quand on remercie qn

When you reply to a tha

quand on répond à un remercie-ment

merci, Monsieur/Madame/ Mademoiselle/Messieurs/Mesdames/ Mesdemoiselles/Messieurs Dames

merci beaucoup, Monsieur/Madame/ etc.

merci pour votre lettre

merci pour votre cadeau, vous êtes vraiment trop gentil

je vous remercie; je vous remercie beaucoup / infiniment

je vous remercie de votre invitation/ de votre cadeau

je vous en prie
de rien
il n'y a pas de quoi
merci pour votre aide – je vous en prie, c'est tout naturel

When you excuse
someone

quand on s'excuse

when you reply to an
excuse

quand on répond à une excuse

(on croit déranger qn :) pardon; pardon, Monsieur/Madame/etc.

(on fait une chose que l'on regrette:) excusez-moi, Monsieur/Madame/etc.

je regrette, je ne peux pas vous dire cela / ça

je vous en prie
ce n'est rien
il n'y a pas de mal

(on a fait qc de très gênant:) je vous de-
    mande pardon, c'est de ma faute
(on regrette vivement qc:) je suis désolé;   mais non, ça ne fait rien
    je suis navré; je suis vraiment dé-
    solé / navré

quand on veut rassurer qn

cela / ça ne fait rien
ce n'est pas grave
j'ai oublié mon porte-monnaie – ne t'en fais pas / ne vous en faites pas *fam,*
    je vais payer pour toi / vous
(la personne à qui l'on parle craint une difficulté:) il faut monter cinq étages? –
    rassure-toi / rassurez-vous, il y a un ascenseur

quand on demande à qn son avis

qu'est-ce que tu en penses? qu'est-ce que vous en pensez?
qu'en penses-tu? qu'en pensez-vous?
comment trouves-tu cet acteur? comment trouvez-vous …
le vin est très bon, tu ne trouves pas / vous ne trouvez pas?
c'est dangereux, tu ne crois pas / vous ne croyez pas?
quel est votre avis? quel est votre avis sur ce problème? quel est votre avis
    là-dessus?

quand on est du même avis que qn

tu as raison; vous avez raison; vous
    avez raison en disant que …
je suis de ton / votre avis; je suis
    entièrement / tout à fait de ton /
    votre avis
je suis d'accord avec toi / vous; je
    suis entièrement / tout à fait d'ac-
    cord avec toi / vous sur ce point

quand on n'est pas du même avis que qn

je ne suis pas de ton / votre avis; je ne
    suis pas du tout de ton / votre avis
ce n'est pas mon avis
je ne suis pas de cet avis
ça ne me paraît pas juste
ah non / mais non, vous devez vous
    tromper!
je ne suis pas d'accord avec toi / vous

quand on accepte

je suis d'accord; d'accord
c'est d'accord, tu peux venir samedi
pouvez-vous revenir demain? – volontiers
vous prenez un café? – avec plaisir
alors à samedi? – entendu
je vous donne un rendez-vous pour
   mercredi prochain? – oui, ça ira
   très bien / oui, très bien
est-ce que la chambre vous convient?
   – oui, parfaitement / c'est parfait
(on accepte sans trop d'enthousiasme: tu
   viens manger au restaurant? – je
   veux bien, mais il ne faut pas que ce
   soit trop cher; on mange au restaurant italien ou au restaurant chi-
   nois? – c'est comme tu veux / c'est
   comme vous voulez

quand on refuse

non merci, Monsieur/Madame/etc.
vous reprenez des légumes? – non
   merci, vraiment
pouvez-vous me prêter ce livre? – je
   regrette, j'en ai encore besoin
tout le monde prend un apéritif? –
   non merci, pas moi

quand on est certain

on peut acheter des timbres dans un
   bureau de tabac? – bien sûr
je suis sûr / certain qu'elle viendra
tu crois qu'elle est chez elle? – j'en
   suis sûr / certain
je pense que oui / que non
c'est certain; il est certain que ...
il n'y a pas de doute que / sans aucun
   doute, le sport est bon pour la santé
(on veut dire que qc est exact:) le train
   part bien à sept heures trente?
   – c'est cela / c'est ça *fam*; c'est exact

quand on n'est pas certain

tu crois / vous croyez? tu crois que /
   vous croyez que ...?
je ne sais pas; je ne sais pas si ...
je ne suis pas sûr / certain qu'il
   parte demain ...; je n'en suis pas
   sûr / certain; je n'en suis pas tout à
   fait sûr / certain; je n'en suis pas
   sûr / certain du tout
je me demande si elle viendra
(on a entendu dire qc:) il paraît que le
   pain va encore augmenter
je doute qu'il fasse beau demain

quand on hésite

je ne sais pas quoi faire
que faire?
je me demande ce que je vais faire / ce que nous allons faire

quand on est content de qc

c'est bien; c'est très bien
cela / ça me plaît
c'est parfait
c'est merveilleux / formidable *fam* /
 sensationnel *fam* / terrible *fam*

quand on n'est pas content de qc

zut! *fam* il n'y a plus de place au
 cinéma
c'est bête, je n'ai pas pu avoir de place
dis donc! tu pourrais faire attention
c'est ennuyeux; *fam:* c'est embêtant

quand on est surpris

ah, c'est toi!
il s'est acheté une voiture! – ah oui?
il n'y a pas de père aubergiste ici – ah non?
tiens, tiens! *fam* Pierre ne sort plus avec Annette
(*on apprend une chose que l'on devrait savoir:*) Tu ne peux pas aller à la poste
 maintenant, elle est déjà fermée. – ah bon!
oh là là! quelle pluie!
je ne m'attendais pas à ce que tu viennes si tôt ...; je ne m'y attendais pas
(*surprise agréable:*)
tiens! il y a du soleil
quelle surprise! quelle bonne surprise!
(*surprise désagréable:*)
mais c'est lundi, les magasins sont fermés!
mon dieu! déjà midi passé
zut! *fam* j'ai oublié mon parapluie
ça alors! j'ai perdu ma clé de voiture

quand on souhaite qc à qn

bon appétit / anniversaire / voyage / courage!
bonne chance / fête / route / santé!

joyeux Noël! bonne année!

meilleure santé!

amusez-vous bien

je vous souhaite bon appétit / bon voyage / bonne route

je vous souhaite une bonne année / une meilleure santé

quand on demande à qn la raison de qc

pourquoi n'es-tu pas venu?

comment se fait-il qu'il ne soit pas là?
   comment cela se fait-il? *fam:* comment ça se fait?

quelle est la raison / la cause de ton retard?

est-ce parce que ...?

comment vous expliquez-vous cela?
   fam: comment tu t'expliques ça?

est-ce qu'il y a une explication à cela?

quand on veut expliquer à qn la raison de qc

pourquoi n'es-tu pas venu? – eh bien, j'avais du travail

vous savez, j'avais du travail

s'il ne dit rien, c'est qu'il est timide

c'est parce que ...

c'est à cause de ...

je n'ai pas pu venir pour toutes sortes de raisons

quand on veut commencer à faire qc

vas-y! allons-y! allez-y!

on y va? *fam* – on y va! *fam*

je suis prêt, allons-y!

je vais commencer à ...

je vais me mettre à ...
   je vais m'y mettre

quand on a fini de faire qc

tu as fini? – oui, ça y est

je n'ai plus rien à faire

tu as posté les lettres? – oui, c'est fait

NOTES on Profession.

un ouvrier
une ouvreuse } factory work etc.

le chef du personnel — personnel officer

la secrétaire — secretary

l'usine } — a factory
la fabrique }

le bureau — office

instituteur — teacher

embaucher — to employ people

qualifié — qualified, skilled worker

un métier — a job

C.A.P. — qualification.

un manœuvre — unskilled worker

le syndicat — union

être syndiqué — member of union.

C.G.T. most important workers union.

en chômage — to be out of work

être licencié — get the sack.

la grève - the strike.

le samedi - on saturday(s)

quel salaire - what salary.

toucher salaire - receive salary.

gagner - to earn

il vous convient? - Does it suit you?

à peu près - nearly

les heures supplémentaires - overtime

vingt cinq pour cent = 25%

D'ailleurs - besides

une augmentation - a rise

à l'essai - on trial

ce chef d'atelier - foreman

tâchez d'être à l'heure - try to be on time.